U0337036

ZCONOMY

HOW GEN Z WILL
CHANGE THE FUTURE OF BUSINESS
— AND WHAT TO DO ABOUT IT

Z经济

正在重塑商业世界的新力量

[美]
贾森·多尔西
(Jason Dorsey)
丹尼丝·维拉
(Denise Villa)
著

青山资本投研中心　译

机械工业出版社
CHINA MACHINE PRESS

北京市版权局著作权合同登记　图字：01-2022-7089 号。

图书在版编目（CIP）数据

Z 经济：正在重塑商业世界的新力量 /（美）贾森·多尔西（Jason Dorsey），（美）丹尼丝·维拉（Denise Villa）著；青山资本投研中心译 . —北京：机械工业出版社，2023.7

书名原文：Zconomy: How Gen Z Will Change the Future of Business—and What to Do About It

ISBN 978-7-111-73408-6

I. ① Z…　II. ①贾…②丹…③青…　III. ①企业经营管理 – 研究　IV. ① F272.3

中国国家版本馆 CIP 数据核字（2023）第 134812 号

机械工业出版社（北京市百万庄大街 22 号　邮政编码 100037）
策划编辑：秦　诗　　　　　责任编辑：秦　诗　岳晓月
责任校对：牟丽英　卢志坚　责任印制：张　博
保定市中画美凯印刷有限公司印刷
2023 年 9 月第 1 版第 1 次印刷
170mm×230mm · 18.75 印张 · 1 插页 · 206 千字
标准书号：ISBN 978-7-111-73408-6
定价：79.00 元

电话服务　　　　　　　　　网络服务
客服电话：010-88361066　　机 工 官 网：www.cmpbook.com
　　　　　010-88379833　　机 工 官 博：weibo.com/cmp1952
　　　　　010-68326294　　金 书 网：www.golden-book.com
封底无防伪标均为盗版　　　机工教育服务网：www.cmpedu.com

我把这本书献给我的祖父默里·尤林，他教会了我如何生活，如何阅读历史，如何讲述一个好故事，如何与不同世代的人沟通。我对他心怀感激，我每天都能从对他的回忆中汲取力量。

——贾森·多尔西

　　我把这本书献给我的女儿瑞雅，她带给我的快乐比我想象的要多。她的力量、温暖和对生活的热情让我想成为一个更好的人。我爱她胜过爱天空中的星星。

——丹尼丝·维拉

每个新的世代都会给人类带来改变。让我们拥抱变化，成为故事的一部分。

——丹尼丝·维拉

赞誉

《Z经济》是领导者吸引新一代消费者和员工、改变自己企业未来所需的指南。

——埃里克·安德森（Erik Anderson）
拓高乐集团执行董事长和西河集团创始人

《Z经济》是我们这个时代代际研究最权威的必读之书。它见解深刻、全面，并利用现实世界的实际应用来为"颠覆性的一代"提供宝贵的指导。

——安德烈亚·布里默（Andrea Brimmer）
联合汽车金融公司首席营销和公关官

丹尼丝·维拉博士和贾森·多尔西将研究、见解、战略和实践知识结合起来，这非常少见，让任何高管都可以立即利用这些知识来了解Z世代，释放他们的潜力，并塑造企业的未来。

——威廉·坎宁安（William Cunningham）
美国西南航空公司和林肯金融集团董事会成员、得克萨斯大学系统前校长

《Z经济》提供了故事、见解和行动，让领导者都可以用这些故事、见解和行动勇敢地领导Z世代在新冠疫情结束后的世界中发展。

——艾莉森·莱文（Alison Levine）
《纽约时报》畅销书作家，著有《边缘：高影响力的领导艺术》

研究充分、充满趣味、有着丰富的实用工具和建议的《Z经济》，应该是你释放Z世代巨大潜力的最佳指南。

——安迪·西格（Andy Sieg）
美林财富管理公司总裁

《Z经济》是必读书。维拉博士和多尔西为需要了解如何与Z世代合作的高管、企业领导者和董事会成员提供了急需的战略、缺失的数据和强大的见解。

——马丁·泰勒（Martin Taylor）
Vista Equity Partners 董事总经理兼 OneVista 总裁

听丹尼丝和贾森的！作为娱乐和文化界的一线人员，我强烈推荐《Z经济》这本书。创意人、领导者和父母都应该读一读。

——凯南·汤普森（Kenan Thompson）
《周六夜现场》演员

译者序

当我们为《Z经济》写下译者序时，距新冠疫情暴发已经过去三年，这一深刻影响全球的"极重大事件"刻在了所有人的记忆里。疫情中的记忆和疫情后的变化，改变了我们很多人。

但有一群人不太一样，他们也许对疫情并没有什么特殊记忆，疫情后的世界对他们来说是"与生俱来"的。疫情给绝大部分人带来了很多生活习惯、人生观、消费方式的转变，而他们却没有经历这样的心路历程。他们便是2015年之后出生的人，在2020年疫情暴发时，还没有形成有认知的记忆（根据认知心理学，6岁才开始有此类记忆）。

这种根据是否经历过某些"重大事件"来划分一代又一代人群的思路，便是这本《Z经济》最核心的观点。《Z经济》的英文原作 *Zconomy* 于2020年出版，作者是专门研究世代话题的美国代际动力学中心（CGK）的首席执行官贾森·多尔西和董事丹尼丝·维拉。作为多年来一直致力于世代研究的两位学者，他们对"世代"一词提出了独特而卓有见地的看法："一个世代是地域上相互关联的一群人，他们在成长中同时经历了一些重大的社会、科技和文化事件。"这极大地启发了我们对世代的理解，尤其是对最近几年在中国被广泛提到的Z世代的理解。

作为一家聚焦于中国消费领域天使投资的基金，青山资本设立投研中心的目的之一，便是尽可能地通过对人、货、场的分析，推演、预测5～10年后中国的消费市场会是什么样子，而其中最关键的，便是对"人"的理解和研究。"Z世代"作为近几年最火的人群关键词，在媒体上频繁出现，有诸多报告对其进行分析，但让人迷惑的是，对于Z世代究竟是谁，各方都没有拿出一个统一的定义。目标不明确，研究结果必然不严谨。因此，Z世代的定义成为我们研究的出发点。

一个人乃至一代人的变化是消费市场上新现象发生的最底层决定因素，而事情的发生源自动机，动机是人的经历造就的。了解一代人的成长过程中发生了什么，似乎是最合理的"畏果寻因"的办法。因此，在我们试图对Z世代进行研究和分析时，在查阅了海量的相关研究资料后，《Z经济》这本书中对世代的定义方法给了我们很大的启发。

我们怀着强烈的好奇心读完整本书，也基于想要把优秀的作品展示给更多读者的想法完成了本书的翻译工作。对书中的思维模型进行发散后，我们对世代有了更好的理解：世代并非一个固定尺寸的盒子，可以用出生年份按5年、10年把人整齐地收纳进去。这也说明了在媒体上出现的用"90后""95后"定义Z世代方式的简单粗暴。

因为共同的集体记忆使一代人三观趋同，他们的日常生活习惯因为有同等发达程度的技术、产品、环境的支持，因此对他们这一代人特征的可预测性增强，他们也才有了被当作一个世代去研究和分析的实际价值。

这本书深刻而全面地展示了美国 Z 世代作为孩子、员工、消费者等不同角色展现出的各种心理、行为、生活和消费习惯的特点，对想要了解他们的长辈、同龄人、雇主有显著的帮助。但我们在对中国 Z 世代开始感兴趣之后，对本书的完整阅读并没有成为我们研究的终点，反而是起点。既然世代是由对重大事件的共同经历来划分的，书中认为的美国年轻人经历的最重大事件——"9·11"事件，会是中国 Z 世代的划分标记吗？模型一样，参数变了。中国的这一代年轻人，记忆最深的事件是哪些呢？美国的 Z 世代被定义为 1996 年之后出生的人，中国的 Z 世代又是哪一年之后出生的人呢？

这些关于中国 Z 世代的问题，欢迎各位读者在青山资本的公众号上阅读《Z 世代定义与特征丨青山资本 2021 年中消费报告》，而这正是站在这本《Z 经济》的肩膀上实现的进一步研究。

这本《Z 经济》不仅详尽地介绍了世代的来源（库普兰德 1991 年的小说《X 一代：在加速文化中失重的故事》使"X"符号流行，代表对 1965～1980 年生人未定义的期待，此后美国研究人员把大约每 15 年划分为一代人）、科学地提出了世代的定义和划分方法，还深入浅出、诙谐幽默地用详尽的数据和鲜活的实例展示了 Z 世代的方方面面。几乎在所有的行为上，Z 世代都与上一代有着巨大的差异。

我们由衷地感谢本书作者付出的努力。他们是真正的世代极客，在 Z 世代和每一代人改变商业、社区和世界时，追求以研究为基础的见解和策略。通过直接获取第一手数据、经验、故事和观点，本书深刻地揭示了 Z 世代如何看待购物和消费，以及零售、数字和移动在哪里融合。

Z 世代将如何重塑市场？随着年龄的增长，他们会对哪些更昂贵的消费品产生更大的影响？本书会给你很多答案。但更重要的是，作者的工作开启了读者对 Z 世代不断研究的兴趣和指引。Z 世代代表着未来，同时对当今社会各个组织的领导者来说，他们也已经构成了挑战。很高兴看到读者开始重视和希望了解 Z 世代，很荣幸我们能成为本书的译者。让我们一起开启对 Z 世代的关注之旅吧。

CONTENTS

目录

第二部分　世界上最有影响力的客户：Z 世代

第三部分　Z 世代如何改变工作世界

引言
——

Z 世代来了

杰克清楚记得自己看到菠萝蛋糕广告时的情景。

他浏览 Instagram[⊖]的评论时出现了这个广告。视频中，一名年轻女子正在展示如何烘焙一个"看起来十分形似菠萝"的蛋糕。杰克点开广告，并在 YouTube[⊜]上观看了这个视频。他觉得这太酷了，于是立刻在手机上一口气看了这个蛋糕师更多的视频。

看了 50 多个视频后，杰克决定试着烘焙他的第一个蛋糕，他失败了。然后他又开始尝试第二个，又失败了。接着是第三个，再次失败了。他一遍又一遍地尝试，一次又一次地失败。

⊖ Instagram（照片墙，简称 ins 或 IG），一款运行在移动端上的社交应用程序，以一种快速、美妙和有趣的方式将你随时抓拍下的图片彼此分享。——译者注
⊜ YouTube，谷歌旗下一个在线视频分享和社交媒体平台，注册于 2005 年 2 月 15 日，由美籍华裔陈士骏等人创立。——译者注

最终，在尝试了两个月后，他终于做出了一个自认为够格发在 Instagram 上的蛋糕。他笑着回忆说："这是我在 Instagram 上第一张得到 100 多个赞的照片！"他的朋友们评论道："我的天啊！""你怎么学会的！"

杰克喜爱烘焙中艺术性的一面，他尝试用新的方法来装饰蛋糕。他开始每周末烘焙两个蛋糕，然后在接下来的一周把它们发布到 Instagram 的照片和视频中。杰克的粉丝人数日渐上升，并给他的照片发表评论。"来自巴西的问候！""好棒的蛋糕——巴塞罗那向你问好！"为了学习烘焙，杰克曾看过一名蛋糕师的 200 个视频，现在蛋糕师也关注了杰克，并为他的蛋糕点赞。

当被问及为什么选择蛋糕烘焙而不是其他爱好或活动时，杰克表示："我尝试过运动，但我一点也不擅长，更糟糕的是，失败时是当着一群人的面。至于蛋糕烘焙，即便失败了我也只是在自己的厨房里。虽然我一次又一次地失败，但我会继续尝试。"

到目前为止，他最喜欢的烘焙经历是："我为老师们的婚礼还有他们宝宝的性别揭秘仪式烘焙了蛋糕。这很赞，试想一下，蛋糕见证了生命中所有的重大事件，例如结婚、生日等。现在我也参与到这些大事件中。我是唯一知道宝宝性别的人，所以我把蛋糕的外层做成粉色和蓝色，内层则全是蓝色。"

截至目前，杰克已经在 YouTube 上观看了大约 1000 个烘焙和蛋糕装饰的视频。

他对之前世代的建议是："我会告诉那些成长过程中没有 YouTube 的成年人，在他们的认知中，要想学会什么，就必须去上课。我爷爷曾告诉我，要做好烘焙，就得去上烘焙课。但他们必须意识到，我们这代人的学习方式大为不同。"

"想学习数学，你只需在 YouTube 上观看数学课。之前的世代认为社交媒体是坏东西。的确，它有负面影响，但他们必须意识到社交媒体也有好处。我们学习的方式正在改变，YouTube、Snapchat[○]和 Instagram 是我们学习新事物以及寻找自己喜欢做的事情的新渠道。"

杰克表示："我可以制作蛋糕，但如果不发到社交媒体上，那有什么意义呢？难道把蛋糕的照片带到学校去吗？但是，我只要发布照片或视频，就立即得到世界各地的人们的回应。在 Instagram 上，我发现自己的很多粉丝来自欧洲。欧洲人懂我的蛋糕。"

在杰克烤出第一个蛋糕 18 个月后，一些公司在社交媒体上联系他，询问他是否愿意推广它们的产品。他计划去上大学，接下来的目标是在美食频道（Food Network）上做节目。他表示现在他不得不放慢节奏，每周末只制作一个蛋糕，他说："因为我现在长大了，时间不如小时候那般充裕。"

杰克现在 15 岁。因为 YouTube 上的一个视频广告，他从 12 岁开始烘焙蛋糕。他的 Instagram 账号 @JackedUpCakes 目前已有超过 11 000 名粉丝。

○ Snapchat（色拉布），由斯坦福大学的两位学生开发的一款"阅后即焚"照片分享应用程序。利用该应用程序，用户可以拍照、录制视频、添加文字和图画，并将它们发送到自己在该应用程序上的好友列表。这些照片及视频被称为"快照"（Snaps）。——译者注

杰克属于Z世代。

Z世代将永久地重塑商业的未来。

* * *

杰克以及其他成千上万的Z世代成员帮助我们创作出本书，并将帮助你以一种全新的且不同的方式理解他们这一代人。

他和全球的同代成员将向你展示Z世代是如何改变一切的，从招聘员工并帮助他们在你的公司茁壮成长，到提出意想不到的营销和销售策略以及提升Z世代喜爱的新的客户体验。

我们的博士研究团队和世代顾问通过视频采访了世界各地的Z世代成员，在他们单独或集体购物时与他们一道（在这两种情况下，他们通常也在Snapchat上进行群聊），观察Z世代在YouTube上看心仪博主的各种教学视频，从化妆到玩《堡垒之夜》（Fortnite），再到在Study With Me⊖上观看其他人学习。

我们的研究、咨询和主旨演讲公司——代际动力学中心（CGK），已经在美国和世界各地领导了超过65项定量和定性研究。这些研究已经在北美、西欧、印度、菲律宾和澳大利亚展开。我们的定量研究至少有1000名参与者，通常更多。虽然本书的数据大部分来自我们在美国的研究，但根据我们在新加坡、智利、印度、法国以及每年在许多国际组织所做的演讲和咨询，我们选择关注全球范围内最具通用性的价值判断。

我们和Z世代的所有互动都引向了一个关键的结论：领导者通

⊖　Study With Me，一款在线记录学习状况的软件。——译者注

常采取的、适用于之前世代的招聘、管理和营销方式将不再适用于 Z 世代。

但是不要惊慌。Z 世代是想要工作的。他们正在寻找自己喜欢的品牌。作为员工，他们希望并期望创造价值，分享他们热爱的产品和服务，只是 Z 世代对如何与品牌及潜在雇主建立联系的期望与前几代人迥然不同。传播策略和平台发生了变化，他们对雇主所能提供之物的期望已经改变了。只要你愿意倾听他们的声音，他们也会愿意倾听你的声音。

许多领导者知道他们需要适应 Z 世代，但他们感到不知所措。他们不知道该如何改变，或者需要改变什么，甚至不知从何着手。本书为你提供了实现这个目标的工具，无论你现在身在何处。

在代际动力学中心，世界各地的公司都来找我们回答关于 Z 世代的问题，例如：

Z 世代是哪些人？

现在什么样的营销和销售方法对 Z 世代行之有效，并能够让他们向朋友宣传？

我们需要做什么来招聘和留住他们，并与 Z 世代员工互动？

Z 世代将如何改变我们企业的未来？

我们的团队一直在开展了解 Z 世代的研究，并揭示为迎接这个令人兴奋的新一代，领导者必须知道的事情和需要做的准备。我们在四大洲用多种语言进行了研究，从 Z 世代如何看待品牌、营销、客户忠诚度，到求职、招聘、激励和退休，一直到他们如何看待周围的世界和其他世代。我们进行了深入的探索，以揭示有关 Z 世代在购物、金融、消费、储蓄、驾驶、投资、沟通、管理、信任、影响等领域的新情况。

在过去的 4 年里，我们还开展了年度 Z 世代现状研究（StateofGenZ.com）。这项深入研究着眼于 Z 世代，以及隐藏在他们的观点、行动、信念、动机、恐惧和梦想背后的行为驱动因素。

在领导开展了数十项探索 Z 世代与其他几个世代的比较研究后，有一项发现脱颖而出：Z 世代的期望如此不同，是因为他们与其他世代截然不同。他们是第一批生活完全数字化的人。他们的父母受到 "9·11" 和大衰退等事件的影响，现如今他们自己又受到新冠疫情、网络游戏、英国脱欧和总统政治等当代事件的影响。

他们使用触手可及的技术，能够跨越大洲、穿越城市与世界相通，并且彼此相连。从学生贷款、枪支管制到平等和气候变化等社会问题，他们观点鲜明且直言不讳。这是历史上数字媒体第一次为如此年轻的一代赋予力量，使他们对国际品牌的支持（或破坏）立竿见影，使他们成为社会活动家，并且有时仅仅一条推特、一个帖子或一段手机视频就能影响公司的经营方式。

我们已经目睹了，你们可能也一样。我们目睹了枪支管制倡导者埃玛·冈萨雷斯（Emma González）和戴维·霍格（David Hogg），以及他们的玛乔丽·斯通曼·道格拉斯高中的同学，在 2018 年组织了 "为我们的生命游行" 大规模反枪支暴力集合，倡导加强枪械管制。

正如 21 岁的克里斯蒂娜所说:"我们绝对是一个世代,也是一场运动。我们经常发声,锻炼自己谈论对错、喜好和观点的能力。"

我们听到 Z 世代谈论他们不再打算去商场,而是去 G-Dub(Goodwill)[⊖],这样更省钱。当他们在 YouTube 和 Twitch[⊜] 上观看自己最喜欢的电子竞技选手时,我们发现他们高度的专注力。我们看到他们极其沉浸于《堡垒之夜》,一玩就是好几个小时。他们拍 46 张照片只为了选 1 张限量版鞋子的精美照片发到 Instagram 上,而不是他们的 Finsta[⊝]账号(这个应用仅用于与最亲密的朋友互动)上。

我们也认真聆听了 Z 世代对新冠疫情影响的讲述,以及他们无法上学或工作只能被隔离在家的情况。我们记录了他们因持续的社交媒体压力而感到的焦虑,以及他们对工作、金钱、环境和未来的不安全感。

16 岁的凯特说:"我想很多老一辈人都说我这个年纪的人很脆弱,说如果我们拿不到参赛奖杯就会哭。我并不这么认为。我父亲尤其喜欢拿比赛得奖或者类似的事情开玩笑。但我认为,'是你们这代人给了我们压力'。"

我们也清楚地听到 Z 世代大声表示:他们不是 2.0 版的千禧

⊖ G-Dub(Goodwill),一家二手商品连锁店。—— 译者注
⊜ Twitch,一个面向视频游戏的实时流媒体视频平台。—— 译者注
⊝ Finsta,Finstagram 的简称,是一个新词,指青少年的第二个 Instagram 账户。—— 译者注

一代。[○]

22 岁的克里斯表示："我发现母亲和祖母那一代对我们这一代一无所知。我的母亲和祖母会说，'你们这一代真是不可理喻，简直是疯了'。他们对我们所做的事情毫不了解。"

"我知道每一代人都是不同的，我们这一代也是如此。这是因为我们成长的方式和经历不同。"

克里斯并不是唯一这样认为的人，在我们的《2019 年 Z 世代现状研究》中，79% 的 Z 世代告诉我们，他们觉得其他世代不太了解他们这代人。

Z 世代的年龄也比大多数人想象的要大，最年长的成员到 2020 年已满 24 岁。这是人口众多、多元化、从一出生就开始相互联系的一代，他们很快将成为职场中增长最快的一代（可能也包括你的工作场所）。

Z 世代已是最重要的消费潮流引领者，他们决心要对你的企业产生影响。本书将向你展示，为了了解、吸引和招聘他们，以及在与他们一道成长的过程中，你需要知道什么。

为了编写本书，我们对 13～24 岁的 Z 世代进行了原创研究，将他们与千禧一代和 X 世代（甚至婴儿潮一代）进行了比较，并采访了 Z 世代中年龄最小的群体（9 岁）。我们有惊人的发现。由于科技的快速变化，即便是同为 Z 世代，9 岁和 19 岁的人之间的

○ 千禧一代（Millennials），又称"千禧世代""Y 世代"，是指出生于 20 世纪且 20 世纪时未成年，在跨入 21 世纪后成年的一代人。本书中，为了和其他世代的名称相统一，均采用"千禧一代"的译法。——译者注

差异也令人震惊。

为了了解他们的世界观与千禧一代之间的差异，我们举两个简单的例子。

（1）Z 世代不记得"9·11"事件。这是一个巨大的差异，值得强调一遍：Z 世代不记得"9·11"事件。他们是在历史课上、从家长的回忆中或从 YouTube 视频上了解到这一事件的。因此，Z 世代无法回忆起这一事件发生时恐惧和不安的感受，而这一事件对千禧一代具有决定性意义，尤其在美国。当我们采访美国以外的 Z 世代时，这种代际差异更加明显，因为除了通过历史课之外，他们对"9·11"事件的了解也受到不同地理位置视角的影响。

（2）Z 世代的成长伴随着新冠疫情带来的恐惧、不确定性、脆弱性和困惑。这一流行病在学校、工作、旅行、政治、家庭等诸多方面造成了巨大的破坏。虽然新冠疫情的长期影响仍有待观察，但很明显，这是迄今为止这一代人的代际界定事件。

正如 14 岁的克洛伊所分享的："我在夏令营看到很多同龄人都穿着露露乐蒙（Lululemon）短裤，它们看起来真的很酷。所以，我存了 40 美元也买了一条，但结果只能说不尽如人意。后来我在亚马逊上发现，只需 15 美元就可以买到几乎一模一样的短裤。所以，为了省钱，我开始在亚马逊上买短裤。"

这些年轻人到底是谁？！我们会在后面的章节中详细回答这个问题。

Z 世代的机遇

分享本书中的见解，以及它们对你和你的公司的意义，这是我们的热忱所在。

我们是世代研究人员、顾问和演讲者，是真正的世代极客，追求以研究为基础的见解和策略。我们深入研究 Z 世代和每一代人，因为他们改变商业、社区和我们的世界。不论是从雇主、营销人员、家庭成员还是邻居的角度来研究 Z 世代，我们都充满热情，采取逆向方法深入了解 Z 世代的观点。

Z 经济是我们在为了解 Z 世代而开展的原创研究和咨询中发现的宝藏。但 Z 世代仍方兴未艾，因此我们在与世界各地的领导者以及组织的合作中，正对此保持密切关注。由于世代不断成长，同时也在不断适应，我们任何有关世代的书都只是一张快照、一个瞬间，Z 世代尤为如此，尤其是考虑到其当前的年龄和所处的人生阶段。Z 世代现在正大举步入成年，他们已经为我们提供了深刻的见解、难忘的故事和意想不到的策略。

Z 世代对世界的影响已经非常巨大，但这仅仅是开始。为了让 Z 世代更加鲜活，我们将带你踏上一段旅程，向你揭示什么在塑造他们，他们将如何重塑企业和未来，以及你该如何充分挖掘这一代人的才华、影响力、能量和潜力。

无论你想营销一款新的银行应用程序、运动裤、汽车还是奶昔，或是想在你的餐厅、会计公司、科技初创公司或《财富》500强公司招募新一代员工，我们发现，那些吸引前几代人的方法并不适用于 Z 世代。对于领导者，这是一个挑战，不过也可以成为一个机会。你可以选择倾听和理解 Z 世代，和他们一起发展，或者保持现状，希望风暴会过去。（悄悄告诉你：风暴不会过去，因为这已经是新趋势了，但你可以通过适应这一现状来释放这一代人的巨大潜力。）

你将看到我们直接获取的第一手数据、经验、故事和观点，它们来自多元的 Z 世代群体，包括世界各地的成员。同时，你将获得新的策略，以释放 Z 世代作为员工和客户的潜力。

我们将看到 Z 世代，无论作为潜在的还是现有的员工和客户，如何利用低廉的移动技术塑造他们与一个组织之间最重要的关系。沟通是不同世代之间的黏合剂，但 Z 世代所带来的技术期望和技术依赖将极大地改变后疫情时代世界的商业发展方向。

我们还将探索 Z 世代行为背后的驱动因素。它们能够解释 Z 世代对于金钱、教育、消费、工作、职业等问题的观点。这些因素塑造了这一代人的世界观和决策过程，影响着他们的每一个行动和互动。

最后，我们将把对于 Z 世代的新共识运用到对组织和领导者至关重要的两个领域：作为客户的 Z 世代和作为员工的 Z 世代。

我们将揭示影响 Z 世代客户的最大因素，Z 世代如何看待购物和消费，以及零售、数字和移动在哪里融合。我们还将从他们当前的消费模式开始，观察 Z 世代将如何重塑市场，并展望随着他们年龄的增长，会对哪些更昂贵的消费品产生更大的影响。我们将探讨如何提高一个品牌在 Z 世代中的信任度和认知度，以及为什么如此重要，即使你并不想向他们售卖产品。

　　Z世代是市场上一股强大的力量，他们作为客户的观点往往与他们对雇主的期望是相通的。

　　在Z世代员工中，我们将关注研究所得出的同时也是Z世代所阐述的他们对雇主、职业和工作经验的期望。我们将重点关注雇主要求代际动力学中心解决的最具价值的挑战：如何招聘、留住、培训和激励Z世代，让他们从职业生涯的初学者成长为管理者和领导者。即使你现在不打算招人，了解这些吸引成年Z世代的基本原则，也将帮助你在制定长期战略时，与将对我们的工作、购物、营销和沟通方式产生指数级影响的Z世代建立联系。

　　最为重要的是，我们希望本书能给你以启发，帮助你理解Z世代，享受茅塞顿开的时刻。如果领导者愿意接受Z世代带给世界的一切，那么Z世代也会提供无穷的回馈。

深入探讨Z世代

　　在深入探讨Z世代之前，我们希望向你介绍我们的工作，以及撰写本书的缘由。代际动力学中心总部设在得克萨斯州的奥斯汀。我们成立了这家研究、咨询和主旨演讲公司，秉承如下使命：把关于世代的传言和真相区分开来，帮助领导者推动实现可衡量的结果。

　　我们希望通过提供缺失的数据，以及对领导者所需的新兴趋势和实际解决方案的快速洞察，来揭示充斥社交媒体的标题党头条是不是真实的，例如，"千禧一代因为牛油果吐司破产了！""婴儿潮一代总是随身携带一本支票簿！"或"X 世代是被遗忘的一代！"。这项工作从未如此重要，因为现在我们有五代客户、员工和影响者，这为领导者创造了各种各样的新挑战和机会。每位领导者需要与各世代合作并弥合世代差异，也可能要因此接受人们的评估，他们越发感受到压力。

幸运的是，你和 Z 世代展开对话的时机恰到好处。

虽然 Z 世代将继续成长和发展，但他们现在正处于这样一个阶段：他们的工作场所、数字化、消费和其他行为变得更加可衡量和可解释。对于我们研究人员、演讲者和行为主义者，以及作为领导者的你们来说，这是一个非常重要的时刻。我们不仅希望能够研究 Z 世代在做什么，还希望能够揭示他们行为背后的"原因"，然后确定每个世代的领导者该如何适应。

在职场中，我们总算能够衡量怎样的工作才会吸引 Z 世代，因为他们有数年的求职经历了。我们可以探究他们接受一份工作，或者不接受一份工作，或者接受了一份工作后又不去上班的原因，以及如何让他们长期专注于从事一份工作。

我们可以看到 Z 世代是如何购物的，从衣服到信用卡；如何对不同的营销信息和渠道做出反应，无论是 YouTube 网红，还是"超级碗"广告。他们关注金钱、消费甚至财务规划，比如为退休储蓄。

作为研究人员，我们不总是认可自己发现的答案，这是开展优秀研究的必经之路，但我们始终致力于发现准确的答案。我们为客户开展的 Z 世代研究、为品牌开展的焦点小组[注]研究以及对全球 Z 世代研究所做的分析越多，就越对这一代人对于世界的影响感到鼓舞和乐观，也对领导者如何充分利用这一代人的能量和创新感到乐观。我们的写作和演讲也从中汲取了能量。

坦率地讲，当我们开始研究 Z 世代时，我们并不知道会有何发现。我们只知道，目前缺乏对不同世代的全美和全球数据的探索，尤其是那些被大肆宣传却不被理解的年轻一代。他们代表着未来，但对当今领导者来说，他们已经构成了挑战。

丹尼丝的故事

在世代研究、咨询和演讲以及解决世代的挑战方面，我和贾森有着截然不同的背景。我是来自拉美裔大家庭的第一代大学生，我有 52 个堂兄弟姐妹。

在我的家庭中，父母之间交流主要用西班牙语，但他们对我和哥哥说英语。这是我众多的文化融合经历之一。我说英语，但又被浓厚的西班牙传统和文化围绕。从一个孩子的视角来看，我们没有多少钱可以花，但也不至于没有饭吃。虽然我一直认为午餐肉是"真正的"肉，窗户上的安全栏是一个建筑特色，但我从未想到我的生活与其他人如此迥然不同。我被深爱着，并且很有

[注]　焦点小组（Focus Group），是社会科学研究中常用的质性研究方法，一般由经过研究训练的调查者主持，以预先设定部分访谈问题的方式，与一组被调查者交谈。——译者注

安全感。我的母亲伊莉达很节约每一元钱，我们也得以由此过活。她从来没有抱怨过每天长时间的工作，而是每天分享她的感恩之心，并且也教导我这么做。

在得克萨斯大学（UT）奥斯汀分校就读期间，我意外地发现了自己的使命：帮助年轻人克服挑战。我永远不会忘记那天，我接到一项为期 6 周的任务，教一名又盲又聋又哑的年轻人打保龄球。他当时正在为即将到来的世界特殊奥林匹克运动会做准备，我的职责是教他如何走向保龄球道，瞄准并投球。他对学习这项我们许多人习以为常的技能充满热情，这件事改变了我的生活。从得克萨斯大学奥斯汀分校毕业后，我成了市中心的一名中学科学老师。我从事教育 12 年，在一些以"难搞"而闻名的学校里工作，那里的学生的背景与我基本相同。我享受在那里工作的每一刻，即使是在不可避免的艰难时期。

在从事了 8 年的教学工作后，我获得了硕士学位，并成为一名中学管理人员，在一些大型学校为多样化的和具有挑战性的人群服务。这意味着清晨和深夜总有没完没了的老师和家长会议，偶尔还会在我们的停车场召开当地新闻发布会，但这项工作十分鼓舞人心。我相信我的学生，我喜欢帮助年轻人，这是我的热忱所在。

在担任学校管理人员的同时，我继续学习，最终获得了博士学位。在帮助这么多年轻人的同时，我获得了博士学位，并将研究与试图理解和改变学生行为的一线经验结合起来。当时我并没有意识到这种结合会让我找到下一个使命。

10 年前，我和贾森谈到，对于千禧一代和年轻一代缺乏准确的数据和可行的研究。他到世界各地的公司演讲，各个公司都满怀信心地谈论世代挑战，但当他要求查看数据时，数据常常与领导层所讲述的情况不符。

从零售、餐饮到汽车、科技、航空航天、软件和金融服务等各个行业，大家都说着相同的话，这意味着贾森无意中发现了真正的问题：目前世界上缺乏让领导者、经理、营销人员和决策者可以依赖的，关于新兴一代最新的、最准确的数据和研究见解，甚至家长们也想知道这些新一代的真实情况。

贾森遇到的每一位领导者似乎都有一个关于"千禧一代"的有趣故事：他们在工作一周后就要求升职，或者在生日那天不愿工作。然而，同一公司中可能还有成千上万辛勤工作的千禧一代，他们没有被提及，虽然他们每天准时出勤，努力工作，为他们的工作和雇主感到自豪，但从未成为头条新闻。虽然这些负面故事在社交媒体和管理层会议上被拿来开玩笑，但他们并不能代表整个一代人，也不能提供对每一代人复杂性的见解。

经常被贴上懒惰、"不工作"标签的千禧一代实际上是劳动力中人数最多的一代。与此同时，人们对 X 世代的谈论还不够多，直到现在仍是如此，我们将他们视为劳动力中的黏合剂。事实上，X 世代（而非千禧一代）是精通技术的一代，他们见证了硬件和软件相结合的年代。他们也挺过了 20 世纪 80 年代，见证了音乐电视台（MTV）的推出、音乐视频真正播放的时代。

看到世代观念与现实之间不断脱节，我对贾森说，我知道我们该如何解决这个挑战。我们可以成立一个专门的研究中心，不仅专注于揭示每一代人正在采取的行动，而且要深入探究这些行动、观点和心态背后的原因，这样我们就可以发现如何理解和影响未来的行动。我们共同创立了代际动力学中心，目前我们每年为全球超过 100 家客户提供服务。我是首席执行官，负责我们所有的研究工作。我们现在领导了超过 65 项的研究，涉及从银行和金融服务到汽车、旅游、服装、科技甚至食品烘焙的方方面面。

贾森的故事

正如丹尼丝所分享的，我们有不同的背景，并且逐渐专注于通过截然不同的视角和途径来解决世代挑战。这种背景、种族、教育、世代（她是 X 世代，我是千禧一代）、学术和地域的结合，使我们能够以不同的方式看待和解决世代问题。这也是我们能够组建一支如此出色的团队的原因。

我在农村长大，从来都不觉得自己适合那里。高中毕业后，我早早进入大学。18 岁那年，我还是一名大三学生，突然有了写一本书的灵感，想要通过分享我在寻找导师、实习机会以及创造就业机会方面的经验，帮助我们千禧一代的同辈人。

我自己编写并出版了该书。最后我只能睡在车库公寓的地板上。父母切断了我的经济来源，朋友们也认为我是在自暴自弃。我当时背负着 5 万美元的债务，与 5000 本新印制的书籍共享我的车库公寓，里面连家具也没有。我完全不知道自己将会陷入怎样的境地，我只是想帮助我们这一代。我在地板上睡了两年，靠附近杂货店的免费试吃和拉面维持生计。

　　起初无人购买该书，但我还是坚持讲述自己历尽艰辛才学到的信息和事实。很快，我受邀发表演讲，人们开始知道该书，而且开始购买，这又带来了更多的演讲邀请和媒体报道。我 18 岁时撰写的书籍销量超过 10 万本，我开始在世界各地演讲。我终于搬出了车库公寓。在几百场演讲之后，我写了更多的书，然后出现在《今日秀》《观点》[○]以及《20/20》《早间秀》等电视节目上。

　　2007 年，我在《60 分钟》节目中谈论了千禧一代（我所属的世代），以及他们如何给雇主和企业带来了巨大的挑战、挫折和隐藏的机会，之后我的职业生涯发生了改变。我已经与 30 万同代人以及无数他们的雇主、品牌领导者和影响者进行了交流，因此我秉持相当公正的前沿观点。

　　随后一些公司开始邀请我分享关于千禧一代作为员工、客户和潮流引领者的话题。我很快意识到，这不是一次关于千禧一代的对话，而是一个代际对话。我们需要讨论每一代而非某一代。这不仅是关于千禧一代本身，而是关于如何解决跨越几个世代的挑战，释放每个人的潜力。我们缺少的是准确的数据和研究，以理解、处理和解决这些挑战，并提供十分实用的解决方案。

　　我记得曾与维拉进行过交流，她同我一样对世代研究充满兴趣，尤其是对年轻一代的研究。她也对我通过长期观察所得到的认知与基于数据的现实之间的差距感兴趣。我知道这是一个可以

　　○　《观点》（*The View*），美国一档日间访谈节目，由广播记者芭芭拉·沃尔特斯创立。——译者注

通过优秀的、原创的研究来解决的问题。她也看到了同样的远景，但她是以博士的视角来审视这个研究。我们一起创立了代际动力学中心，自此之后，这一研究的发展就像坐上了火箭一样腾飞起来。事实上，我们在代际融合问题上是如此一致。后来我们两个结婚了，并且有了一个 Z 世代的女儿！

不再重蹈覆辙

将 15 年前千禧一代的崛起与当前 Z 世代的崛起进行比较，我们注意到的最大区别是，今天的领导者不想和当年的前辈一样，面对突然涌入的新世代员工和客户时显得手足无措。

就在 10 年前，许多高管有一种直觉，即千禧一代会逐渐"回到正轨"（不管这意味着什么），变得和其他世代的员工或客户一样。显然，这并没有发生。结果是，世界各地的公司都受到了严重冲击。

Z 世代和千禧一代一样，代表着巨大的变化、挑战和机遇。但是一个很大的差异在于，高管们现在已经准备好采取行动了。他们不想再次措手不及。人们意识到，到 2020 年，最大的 Z 世代已经 24 岁了，作为员工和客户，他们已经在推动变革。经理、领导者、创新者和营销人员越早发现这一代人的真相，以及 Z 世代对他们和他们所在组织的意义，便可以越早采取行动，释放 Z 世代的潜力。现在行动可以在竞争中获得极大的壁垒性优势，这是个千载难逢的机会。我们将这种优势称为"企业护城河™"

（defensible difference™）[⊖]。

对服装公司来说，这意味着要改变方法与 Z 世代紧密联系，以赢得他们的信任和忠诚。对于银行和金融服务业来说，这意味着要尽早与 Z 世代建立对话，让他们开立账户、推荐朋友，并在职业生涯伊始就为退休储蓄。对于雇主来说，无论是全球科技公司，还是技术含量较低的建筑业，适应 Z 世代意味着抢先在竞争对手之前招聘到员工，在他人苦于应对不断加剧的人员流动时留住 Z 世代员工。

同时，我们将密切研究新冠疫情对 Z 世代年轻和年长成员的不同影响。最年轻的 Z 世代看到了生活的改变，他们与家人全都被隔离在家，学校提供了一系列在线学习内容，同时线上也能很轻易地找到餐饮等信息；那些正就读于高中的 Z 世代成员则错过了提高成绩、取得其他成就、参与舞会和毕业典礼的最后机会。然而，Z 世代中最年长的成员在进入成年的关键时刻直接陷入了疫情的旋涡，他们中很多人失去了工作，或者从大学回到家中上课。他们日益增强的独立自主，与新现实中关于当前和未来的诸多不确定性发生了冲突。

挑战在于，如何准确地对 Z 世代进行研究和策略分析，以揭示数据、人性、现实以及隐藏在这一代人行为和心态背后的驱动因素。基于代际动力学中心对这一问题的热忱和深入研究，我们撰写了本书，由衷希望与你分享我们的见解。

⊖ 企业护城河™（defensible difference™），是代际动力学中心的咨询、演讲与研究的品牌名称，旨在帮助企业打造独特的竞争优势。——译者注

第一部分
ZCONOMY

Z 世代的诞生

第 1 章

欢迎走进新世代

我们是有选择的一代。这意味着，公司
在挑选我们的同时，我们也在挑选公司。

——布拉德利，20 岁

Z 世代已经开始让传统公司逐步退出舞台。

走遍城市中大大小小的商场，门庭冷落的景象随处可见。虽然千禧一代可能是这种衰落的始作俑者，但 Z 世代无疑是"终结者"。与此同时，这一代人正在推动众多品牌和企业蓬勃生长。在 Z 世代眼中，开车去购物不再是生活常态，亚马逊上一键购买才是，甚至是语音订购，连点击的麻烦都省掉了！当然，当天收到购买的包邮商品是标配。

Z 世代习惯使用来福车（Lyft）等网约车平台。由于新车和车险的价格上涨，我们就更加能理解他们为何不急于考驾照了。其他世代渴望驾照所赋予的自由与责任，但在 Z 世代，许多人达到法定持有驾照年龄后，会等上数月甚至数年才考驾照。

爱彼迎（Airbnb）等服务同样大行其道，如今，即使是 Z 世代的父母也认为这是旅行的正常方式。步入成年的 Z 世代不必查看支票簿，甚至不知支票账户为何物。他们很幸运，可以通过 Venmo 和 Cash App 向朋友转账、在聚餐时平分账单，通过 Instagram 短消息应聘兼职工作（保姆、自由摄影师等）并获得报酬。

虽然年纪轻轻，Z 世代却在推动着变革。新变革背后的驾驭者，正是这些越发年轻的面孔。我们对一个典型的 Z 世代故事记忆犹新。它就发生在我们家中。

下班后，我和我爱人走进厨房，碰巧听到 6 岁的女儿瑞雅正在向 Alexa[⊖]提问。"Alexa，12 加 13 是多少？""Alexa，'彩虹'

　⊖　Alexa，即 Amazon Alexa，是亚马逊公司推出的一款智能音箱。——译
　　　者注

怎么拼写？"

我们永远不会忘记这一幕。

我们面面相觑，心里想："天呐，我们的女儿居然在用 Alexa 做作业。"瑞雅当时只有 6 岁。这是具有决定性意义的时刻，作为父母，我们的态度对她影响深远。我爱人贾森感觉无比自豪，而我，曾经可是名教师。自然而然地，从那以后，下午 4～6 点，就不让她再用 Alexa 了。

瑞雅每天都依赖 Alexa。她需要 Alexa 播报天气、设置闹钟、讲笑话、解决小问题。当然，看我们不在身边，她也会想方设法利用 Alexa 来完成作业。

瑞雅怕是已经不记得，没有联网语音设备的日子是什么样的了。这些设备为她提供正确的答案，告诉她采取正确的行动，或者帮她完成家庭作业，她甚至连打字和拼写都不用会了！

在瑞雅的意识中，她总是可以对着周围的设备说话，通过智能门铃看见站在门外的人，或者通过说一声"嗨，Siri"，与自己的手机互动起来。在 Z 世代成长为客户和员工的过程中，这些变化只是他们习以为常的一部分。

出生于 1996 年之后的 Z 世代重新定义了"常态"，颠覆了技术、信息和整个世界。"90 后"在他们眼中已然是老古董。他们眼中的常态是在网飞（Netflix）上疯狂刷剧（以及分享密码）。他们将社交媒体应用于生活的方方面面，例如新闻、个人品牌、娱乐、社区、教育和约会，而不仅仅是发表情包或者动图。

16 岁的希恩分享了他的西班牙语老师如何使用 Snapchat

提醒学生做作业。"我去年读大二，我们的西班牙语老师有个 Snapchat 账户，几乎每次小测验、考试或者作业，她都会发帖提醒。例如，她会给全班同学发图片，上面写着'大家别忘了明天有考试'。我们在浏览推送的时候，这些小提醒就会弹出来。我们会猛然想到，'对哦，我忘记学习了'。"

"我想，这就是她和学生沟通的方式，有着鲜明的个人特色。她知道我们不会查看学校的公告。她也知道我们总是在玩手机，我们一定会查看 Snapchat，从而发现她的提示信息。如果没有她的提醒，我也许不会挂科，但我的分数一定会更低。"

Z 世代总是能够在网上交流和学习，总是不得不面对网络霸凌的严峻现实，也总是将"网红"作为理想职业。在接下来的章节中，我们将深入探讨 Z 世代与技术的复杂关系，以及这对你的企业意味着什么。

未来掌握在 Z 世代的手中

Z 世代对商业的未来拥有举足轻重的影响力，最终会彻底重塑商业。任何研究趋势、消费者和员工的人都深知，刚刚步入成年的一代人往往会驱动最大的变革。事实上我们发现，Z 世代引领的潮流正在逐步影响各个年龄段。想知道婴儿潮一代[⊖]最终会如何影响科技发展吗？不妨看看 Z 世代此时此刻正在做的。

我们在研究中已经发现：能够吸引、留住和激励千禧一代员

　　⊖　婴儿潮一代（Baby Boomers），指出生于 1946 ~1964 年的人。——译者注

工与客户的因素，在Z世代身上已经不再奏效，甚至完全失灵了。

对许多领导者来说，这是最具挑战性的时刻。情况为何如此紧迫？

因为在未来两年内，Z世代将成为劳动力市场上增长最快的一代，他们也将成为最重要的消费者和潮流引领者。他们的经济实力与影响力只会与日俱增。

更加紧迫的是，婴儿潮一代正步入退休的年龄，心态正在向"少即是多"转变。作为Z世代的祖辈，他们是公认的可靠的员工和客户，也是许多名企的顶梁柱。随着婴儿潮一代过渡到新的人生阶段，能填补他们留下的员工和客户空位的只有Z世代。

事实上，随着财富从上一代人流向最年轻的这代人，Z世代有望成为财富转移的最大受益者，规模可达20万亿～30万亿美元。如此重大的世代变化将如何影响你的行业、企业或社区，甚至你的家庭？

金融服务公司、银行、智能投顾⊖以及所有依赖婴儿潮一代及其资产的公司，都在争先恐后地争夺即将流向下一代的财富。与之相对应的是，Z世代与千禧一代不同，在储蓄、理财和投资时，他们根本不会去也不必去实体银行办理业务。

Z世代希望未来的金融是移动的、直观的且易于使用的。最重要的是，服务要满足他们的个性化需求，这也是他们在工作和

⊖　智能投顾，也称机器人投资顾问、智能理财、自动化理财，是一种在线理财服务，自动提供基于算法的理财方案，过程中不需要人工的理财顾问服务。——译者注

生活中追求的状态。这种个性化追求将如何延伸到银行业以外的其他领域？

如今，各大品牌已经在与 Z 世代打交道了。紧迫性只会与日俱增。

为时不早

你观看过电子竞技吗？

这种大型多玩家的电子游戏使人们能够与世界各地的人们和团队并肩作战。电子竞技如此受欢迎，以至于顶级玩家和团队玩电子竞技的视频每月都会产生数十亿分钟的播放量。人们花数十亿分钟观看其他人玩电子游戏，通常还只是录播，并非现场直播。

即使你没有听说过电子竞技，你也听说过职业橄榄球比赛的观赛票在几分钟内售罄的情况。正如一位家长所说："我搞不懂青少年在网上看别人打游戏的行为，他们为什么不自己玩呢？"然而，这种狂热并非昙花一现。最重磅的电子竞技比赛的奖金池高达 3400 万美元，并且是通过粉丝在线购买"通行证"筹得的。

行业领导者们都在争先恐后地赞助战队、玩家和游戏，其中不乏传统的龙头品牌，这还只是开始。电子竞技战队的"特许经营权"可以卖到 2000 万美元以上的高价。

如果你没有听说过电子竞技也很正常，它经常被媒体称为"最为热门的无人知晓的运动"。"低调奢华"的电子竞技传递出一个信号，Z世代正以许多公司无法察觉的方式改变商业。由于Z世代独特的关注点，这一代人正在营销革命的道路上高歌猛进。Z世代关注的对象是众多品牌尚未完全接受的平台和兴趣点，如电子竞技、Snapchat、YouTube、《堡垒之夜》或者TikTok[⊖]，一些高管甚至无法理解这些。无法弥合代沟是危险的，如果领导者能够适应这种新的变化，将在未来几年获得巨大的优势。

Z世代在幼年、青少年和大学阶段已经接受的消费趋势只会愈演愈烈。董事会正在了解自己的公司是否制定了Z世代战略，首席营销官正在招聘Z世代顾问，会议主办方正在邀请Z世代演讲嘉宾。领导者们也意识到，与自己家Z世代成员的生活经历并不足以映射这个世代的所有特征。甚至B2B销售也将受到影响，因为在未来五年，Z世代既是公司的一线销售人员，也是B2B采购的一线筛选人员。

对雇主而言，Z世代已经在改变公司招聘、支付工资和用信息平台安排日程的方式。Z世代认为，雇主应该努力让世界变得更美好，高效、多次地征求意见和提供反馈，并在他们的多样化举措和社会事业方面保持透明。

Z世代已经到来。随着时间的推移，他们将逐步代表其他世代，建立通用的行为规范。对你的组织而言，迅速适应是关键，这将为你打下坚实的基础，提供发展的动能。

从零售、餐饮到员工招聘，Z世代的浪潮已经开始影响各行

⊖ TikTok，抖音海外版。——译者注

各业。观察这些行业，便很容易发现，早早适应 Z 世代是有益无害的。

如果等到 Z 世代快到 30 岁时再去适应，为时已晚。想想被千禧一代所抛弃的一大批零售商、餐馆、品牌和雇主，它们中的大多数已无法迎头赶上，或者正在迅速地销声匿迹，可能你也会重蹈覆辙。你当然不会希望自己的组织因为某种错误出现在 Z 世代的热搜头条。正如 16 岁的泰勒所分享的："我通常在社交媒体上听到人们去世的消息。他们的死因并非社交媒体所致，但是因为社交媒体，我才知道他们去世了。"

与此同时，如果你适应了这一代人，便能够立即借助他们无比灵敏的触角发展壮大。他们每天都在发挥自己的影响力，无论是现实生活中，还是虚拟世界中，都在潜移默化地产生影响。事实上，现在正是理解和响应 Z 世代的黄金时刻，这个庞大、新兴的全球化世代已经成长至最佳年龄，你能够由此获得洞见，采取正确行动，推动未来数十年的发展。

准备好参与其中了吗

2017 年，16 岁的卡特·威尔金森（Carter Wilkerson）给快餐巨头温蒂汉堡（Wendy's）发了一条推文：

"@ 温蒂汉堡　需要多少转发量可以换取一年免费的炸鸡块？"
温蒂汉堡做出了回应：1800 万次。

卡特接受了挑战。与此同时，温蒂汉堡也有了一个想法。它聘请广告公司根据卡特的要求进行创作，于是，"为卡特赢鸡块"（#NuggsforCarter）活动诞生了。这项活动很快成为国际新闻，并引起了艾伦·德杰尼勒斯（Ellen DeGeneres）等名人的注意。艾伦在2014年奥斯卡颁奖典礼上的自拍创下了有史以来最高的转发记录，她邀请卡特成为她的节目嘉宾，并发起了一场娱乐性的竞赛，确保她"为卡特赢鸡块"转发女王的位置。与此同时，谷歌、亚马逊、苹果和微软等品牌也纷纷加入转发大军。

卡特没有完成1800万次的转发，但当他打破艾伦的记录时，温蒂汉堡决定兑现奖励。他以340万次转发换取了一年免费的炸鸡块。

于是，卡特很快决定，要将这场媒体风暴引向鸡块以外的领域。卡特在内华达州里诺市长大，有三个兄弟姐妹。他抓住这个良机，出售"为卡特赢鸡块"的T恤，并将全部收入捐赠给戴夫·托马斯收养基金会（Dave Thomas Foundation for Adoption）。该基金会是由温蒂汉堡创始人戴夫·托马斯创建的非营利组织，旨在支持美国寄养系统中的儿童。灵感的来源是卡特的家庭。卡特的小妹妹严重早产，他的妈妈在妹妹出生两周后被诊断为乳腺癌晚期。

他解释说："每当我感到悲伤或者不知感恩时，便会回想儿时的生活。我记得，我的父母每隔一个周末便要开车前往加州大学旧金山分校接受治疗。我记得家人会给我们带来晚餐，竭尽全力地照顾我们。我记得，我的妹妹过早出生，一度濒临死亡。"

"我时常提醒自己，自己是多么幸运。妈妈一直陪伴着我，我太幸运了。我的妹妹很健康，成长得比别的孩子还要好，我太幸运了。我的生活中有如此多有爱的人们，我太幸运了。我很幸运有机会发声去支持自己所坚信的事情。"

卡特说自己"中了家庭大奖"，他希望帮助寄养儿童找到永远的家。他还为"奔跑吧，妈妈们"（Pinocchio's Moms on the Run）筹款。这是里诺当地的一个组织，为患有乳腺癌的妇女及其家人提供支持。

这股热潮的开端，是一个少年无聊时给自己最爱的快餐店发的一条推特。在这个卡特选择的公众平台上，温蒂汉堡决定将对话继续推进下去，因此这个小插曲演变成了一股热潮。温蒂汉堡对此轻车熟路。作为在推特上最机智、参与度最高的快餐品牌之一，它已经声名卓著，建立起了与竞争对手间的护城河。根据艾森伯格（Ayzenberg）集团营销分析师的计算，"为卡特赢鸡块"为温蒂汉堡赢得了 670 万美元的媒体价值。至于成本，即使卡特一年到头每天每顿都吃鸡块，也不过花费 1960.05 美元。另一笔成本是向戴夫·托马斯收养基金会捐赠的 10 万美元。

以卡特为代表的 Z 世代已经把社交媒体作为默认的交流工具。这些工具非常有效，Z 世代对于这些社交媒体也适应得很好，这让公司品牌的高薪公关团队相形见绌。Z 世代习惯于在社交媒体上开启对话，因此负面影响往往有限，但是品牌必须时刻跟踪社交媒体的动向，如果回应不够正确或不够迅速，负面影响便会被放大。

Z 世代具有一种天赋，那就是使用网络平台发起公共对话，从而推动变革。这些对话并不总是像"为卡特赢鸡块"那般轻松愉快。他们也经常是批评者。Z 世代站在了公司的对立面，并不意味着他们是正确的，或者他们会得到想要的结果。传统品牌往往有数亿美元的营销和公关预算，Z 世代（甚至在青少年期）就与之公开叫板的事实已经表明，这一代人渴望被倾听的愿望是真切的，并且只是开始。

我们的观点是，Z 世代将继续对品牌、企业和领导者施加高度公开的或好或坏的外部影响，作为领导者，你需要明白一点：对于品牌自身和品牌掌门人来说，倾听 Z 世代声音的压力只会越来越大。

现在开始积极倾听，把事情做对做好，就能够避免忽视这一代人的意见，或者因为把他们当成年轻识浅的毛头小子而跌入雷区。

讽刺的是，在公司和企业战略中，Z 世代已经成为极其强大的一股势力。但他们甚至不用是公司的客户或者员工，就敢在社交媒体上对公司直言不讳。

Z 世代的内容创作者可以在一个名为 Odyssey[⊖]的社交平台上分享他们对各种话题的观点，例如购物、食品、学生生活、政治活动等。Odyssey 每月有 1200 万名访客，迄今为止已拥有超过12.8 万名内容创作者，以及超过 100 万条原创内容。Odyssey 尤其关注 Z 世代希望与品牌互动的方式，并予以积极回应。

Odyssey 的总裁布伦特·布朗奎斯特（Brent Blonkvist）和团队在 2019 年调研了 200 个品牌和代理广告买手，请他们分享

⊖　Odyssey，一个由媒体和可持续发展领域经验丰富的从业者发起的专业平台。平台旨在分享知识，促进创新型社会影响项目的投资、融资和网络建设。——译者注

目前最大的困境。布朗奎斯特指出："87% 的受访者表示，他们知道 Z 世代应该成为自己的目标群体，但不知道如何与他们互动。这不禁让人担忧，因为市面上有如此多现成的工具可用，例如脸书、推特和 YouTube，"他表示，"但问题是，仅仅锁定目标群体并不意味着能与之互动，如果你无法真正吸引他们，就不能形成客户黏性。如果你不能提升客户黏性，也就无法获得长期客户。这一代人是在互联网上长大的，他们懂得如何与广告打交道。他们有能力拦截或者屏蔽广告，甚至对广告视而不见。"

与 Z 世代的互动所需要的，远远不止单一维度的广告。品牌商需要倾听这一代人的声音，并成为他们对话的一部分。

现实是，一个 14 岁的九年级学生能够创建任何话题的标签，一个 22 岁的年轻人可以通过拍视频呼吁大家行动。他们也许会在网上相遇，将彼此的影响力呈指数级放大。但在现实生活中，他们不需要认识彼此，更不用见面（如果你不会使用话题标签，那你得尽快去补补课了）。

Z 世代已经证明，相较于之前的世代，他们能够在更小的年纪对企业和组织施加前所未有的影响力。他们无须成为客户或者员工便能创造这种外部影响。我们相信，他们在未来发挥的作用将是无可估量的。好戏刚刚开始。

通往答案之路

在代际动力学中心，我们兴奋地看到 Z 世代正在崛起，我们能够在世界各地精准地研究他们。为了真正理解这一代人，我们既需要高质量和原创性的研究，也需要保证研究的体量。目前，对于年轻的 Z 世代成员的研究仍然非常有限。但是，我们在这一新领域的探索之路上，每天都在收获宝贵的洞见与意想不到的发现。这些发现可以为战略、理解和解决方案提供信息和驱动力，帮助领导者在客户和员工的全生命周期与 Z 世代建立有效联系。

　　Z 世代的崛起对工作、生活、消费主义和地球的未来提出了疑问。我们的研究旨在解决其中的部分问题：

- 这一代人对于金钱的态度似乎更明智也更保守。他们对于储蓄、投资和消费的观点有何不同之处？这对你的企业意味着什么？

- 在这一代人生活的世界中，指尖一击，便有无限信息涌动，他们将何去何从？他们会将这种特性转化为优势，获取对自己来说重要的利益吗？还是会被信息大潮压垮，对其视而不见，使用不足？

- 这一代人如此沉浸于数字世界中，他们将如何调整社交技能，让自己适应现实中的职场和社会？或者，他们根本没想过要调整，而是希望世界来适应他们？这将如何影响你的招聘、管理或销售流程？

- 这一代人的父母亲是 X 世代或者年长的千禧一代，而非婴儿潮一代。这将会如何影响他们的价值观、关注点、投票和成年后的生活？他们会选择照顾父母还是选择其他不同的方式？

- 我们正在研究新冠疫情及其余波如何影响这一代人的工作、财富、教育以及他们对未来的思考。

我们对 Z 世代研究得越深入，就越渴望讲述他们的故事，让他们变得鲜活起来。我们不会只选取对自己有利的单一视角，使用小样本的 Z 世代群体。相反，我们会通过数据、故事、引用和一线策略观察全美乃至全球的 Z 世代。我们发现，这一研究方法对于领导者来说是非常有意义的。

Z 世代预示着跨越行业、遍布全球的新变革。你准备好去充分利用了吗？

第 2 章

重新定义 "世代"

当然，我非常了解 "9·11" 事件。我在历史课上学过。

——Z 世代

贾森的话

我清楚地记得 2001 年 9 月 11 日纽约出事时，自己身处何处。当时我在洛杉矶录制一档电视节目，内容与我的写作和演讲工作相关。我坐在酒店的沙发上，我的父亲坐在一旁。我们打开电视，画面令人震惊。我永远不会忘记自己感受到的恐惧和困惑。

我对纽约有着很深的感情。我的家人来自纽约，我也在纽约上了一年的大学，我的许多朋友当时仍住在那里。抛开个人情感，目睹这样的事件也完全是令人惊骇的。我记得当时自己在沙发上哭了起来，但是父亲完全不动声色，我无法从他的表情中判断出他在想什么。

30 分钟后，祖父打来电话。他是我的英雄。他在布鲁克林长大，当时快 79 岁了。我永远不会忘记他说的话："小伙子，我们会好起来的。我向你保证，我们会没事的。我们之前也遭遇过这样的事情，我们都挺过来了，这次我们也一样会挺过去。我向你保证，我们会没事的。"

多年后，父亲终于向我吐露，2001 年的那天早上他在想什么。我们的谈话让我将几代人的回忆联系在一起。

当祖父说"我们之前也遭遇过这样的事情"时，他指的是"珍珠港事件"。我的父亲是 1952 年生人，他告诉我，当时他担心我不久后会被征召入伍。"9·11"事件让他回想起了自己前往越南战争征兵局的经历。

于我而言，"9·11"对于当时刚步入成年的那代人，是具有决定性意义的一天。"9·11"事件是我这代美国人的转折点，也永远改变了许多其他国家的同一代人。对我们千禧一代来说，每每聊到这一事件，都会被问及"当时你在哪里"。

作为代际研究者，回顾这段经历，我可以理解为什么我们每个人对完全相同的事件有着截然不同的反应。虽然我们经历着同样的事情，但由于身处不同的世代视角和人生阶段，所以这些事情对我们来说却又完全不同。

我们在世间成长的时间和地点的每个细节，都会影响我们对"9·11"事件的反应：我们的年龄，我们关于战争、恐怖主义和政治动荡的经历，我们居住的地方，甚至我们所具备的应对未知的知识——我们每个人所处的环境决定了我们的应对方式。

这段经历帮助我比其他任何人更了解世代的概念。这是我教授跨代际领导新方法工作中的一个重要标志。原因在于，同一事件会给经历过该事件的每一代人带来不同的反应，这是有充分理由的。对于Z世代，我们猜测，新冠疫情将是一个"代际界定"事件。

世代并非整齐划一的"收纳盒"

在代际动力学中心，我们认为"世代"的概念并非一个固定尺寸的"盒子"，不能仅依据出生年份就把每个人整齐地收纳进去。

"世代"的概念不是这么一回事。

我们认为，每一个世代都是一个框架和一套价值判断，它们为从何处着手迅速联系和影响不同年龄层的人提供了有力线索。

这有助于人们工作、营销、建立信任并影响年长或年轻的人，甚至他们的同龄人。

我们认为，一个世代是"地域上互相关联的一群人，他们在成长中同时经历了相似的社会、科技和文化事件，从而对某一情形的态度有更强的可预测性"。说得简单明白些，一个世代就是大约出生在同一时期且成长于同一地点的一群人（见表 2-1）。

表 2-1　世代的划分

世代名称	大致出生年份
Z 世代（又称"互联网世代"）	1996～2012 年
千禧一代（又称"Y 世代"）	1977～1995 年
X 世代	1965～1976 年
婴儿潮一代	1946～1964 年
传统世代（又称"沉默世代"）	1945 年及之前

无论是买一辆车还是评估一份工作，在特定的情况下如何体验与回应，每个世代都有自己的一套强大的指标（并非严格的定义）。这些指标受到"大约同时"和"大约同地"这两个方面的影响，它们将相同地理区域内的一代人联系起来。我的父亲可能不是唯一担心我会在"9·11"事件之后被征召入伍的人，但许多与他一样出生在 20 世纪 50 年代的人却有着不同的反应。世代的盒子并不适用于他们，但是他们成长的大环境确实相似，这种大环境为他们可能会做出的反应提供了价值判断。

我们经常忽略以及在与领导共事时经常想要指明的关键是，地理因素在塑造世代的过程中发挥着巨大作用。在同一代人中，我们能够看到农村和城市之间的差异，也一定会看到Z世代在世界不同地区之间的差异。在阿肯色州农村长大的17岁男孩可能已经拿到驾照两年了，这样他就可以在家庭农场帮忙，或者开车去学校或者单位；而纽约市的少年可能会觉得没必要考驾照，除非他们搬出城。有趣的是，由于多样性和人口密度，某种趋势通常会起源于城市地区，然后蔓延到农村地区（例如音乐）。在美国之外地区的广泛工作中，我们始终将每一代人按区域划分，以确保我们正在研究或对话的这一部分地域的人能够被准确代表。

除了影响每个世代的时间和地理因素之外，还有一些定义世代的时刻。这些事件或变故发生在一个世代成长的关键阶段（通常是儿童或青少年时期），从而永远改变了他们的世界观。可能是一次战争、恐怖活动，也可能是政治动乱、自然灾害、技术突破（例如登月）或者新冠病毒的传播。

对于美国的婴儿潮一代来说，划分世代的时刻可能是肯尼迪遇刺、民权运动、苏联人造卫星（Sputnik）和核弹演习、彩色电视、甲壳虫乐队等。

对于美国的X世代，这些时刻可能是越南战争结束、水门事件和伊朗门事件（Iran-Contra affair）、石油禁运、离婚率大幅上升、艾滋病流行、"挑战者号"航天飞机爆炸、挂钥匙儿童[○]（latchkey kid）、随身听、雅达利[○]（Atari）、1981年MTV上线

○　挂钥匙儿童（latchkey kid），指因为父母出去工作，所以放学后独自在家、无人照看的孩子。——译者注
○　雅达利，一家游戏开发商，推出首款街机，奠定了街机始祖地位。——译者注

（开台歌曲为《录像杀死电台明星》）。

千禧一代诞生于 20 世纪 80 年代末和 90 年代。在这个时期，电脑、互联网、手机和电子邮件得到迅速普及，"从模拟转向数字"、社交媒体迅速普及，智能手机引入，同时美国发生了第一起大规模校园枪击案（1999 年科伦拜校园枪击事件），见证了亚马逊诞生、电子商务、千年虫问题⊖（Y2K）、学生贷款、"9·11"事件和大衰退。

认识到定义一个世代的决定性时刻，有助于我们理解一个世代的观点、优先选择、价值观和行为。还需要注意的是，某个趋势或事件对个人的影响取决于他当时的年龄（5 岁还是 15 岁）、地理位置、社会经济状况、文化、性别等。

例如，如果你是 1985 年出生的千禧一代，那么科伦拜惨案发生在你的高中时期。这个案件在新闻中被反复报道，你对它的反应和感受，也会与 1990 年出生的千禧一代不同。他们当时正在上小学，可能在他们的印象中，科伦拜惨案并非当代事件。他们可能会记得后来发生的其他校园枪击事件（如果不幸发生过的话）。假设你是一名弗吉尼亚州农村地区接受家庭教育的三年级学生，或者是纽约市一名八年级学生，或者是科伦拜附近城镇的一名高中生，那么科伦拜惨案对你的影响也会有所不同。

我们对塑造一个世代的框架了解得越多，就可以更好地与每

⊖　千年虫问题，指由于计算机程序设计的一些问题，使得计算机在处理 2000 年 1 月 1 日以后的日期和时间时，可能会出现不正确的操作，从而导致一些敏感的工业部门（比如电力、能源部门）和银行以及政府等部门在 2000 年 1 月 1 日零点工作停顿甚至发生灾难性结果。——译者注

一个人建立联系并对他们产生影响。有了这种清晰的认知，无论是员工的招募、激励和留用，还是营销、销售和客户体验，在各种情况下弥合不同年龄段间的代沟将变得更加容易。

塑造 Z 世代的大事件

Z 世代大致出生于 1996 年至 2010 年或 2012 年之间。作为世代研究者和演说家，在一个世代真正结束前，我们无法准确知晓它何时终结。这和判断经济衰退何时结束是一个道理。一个世代的结束日期只能在事后推定，而非事前预测，除非有明确而深刻的世代定义事件，例如美国"9·11"事件、英国脱欧、东南亚的印度洋海啸或者新冠疫情。出生在两个世代之间的人（cuspers⊖）总是更加灵活，他们通常兼备两个世代的特质，具体取决于他们的成长环境。

我们知道，在美国，Z 世代始于 1996 年。如前所述，他们不记得上一代最具有决定性意义的事件：2001 年 9 月 11 日。随着我们对这一新生代研究的继续，似乎可以肯定，新冠疫情将是划世代的事件，它划分了 Z 世代和之后的世代。

贯穿我们 Z 世代研究中的一条主线是成本低廉的高速移动技

⊖ "cuspers"指的是出生在两个世代之间的人，他们一般会兼具前后两个世代的特征。有时两个世代之间有明确的界限，如"9·11"事件之于美国的 Z 世代。在其他时间段，世代之间没有明确的界限，而是存在一个过渡期。例如，从 X 世代到千禧一代的过渡意味着两代人的分界线可能为 1977～1981 年的任意一年，这取决于地理区域、富裕程度和父母年龄等因素。

术对这个世代的影响。尽管它尚未遍及全球，但已在 Z 世代之间建立了一种联系，给他们赋能，并增强了他们对企业的影响。

我们的《2019 年 Z 世代现状研究》揭示了这一世代与技术之间的关系的几个事实：

- 95% 的 Z 世代每周至少使用或访问一次社交媒体。
- 74% 的 Z 世代依靠科技来自娱自乐。

Z 世代可以通过手机或平板电脑直接实时观看世界另一头发生的事件，不受位置或时区的限制。他们在电子竞技中和陌生人聊天，言语不通也可相谈甚欢。他们与手机的联系如此紧密，我们发现，即便语言和习俗不尽相同，但对我们关于科技、音乐、服装、旅行、体育、金钱和互联网未来的调查，世界各地的 Z 世代做出了相似的回应。

Z 世代从很小的时候就开始依赖技术，这种依赖是前所未有的：31% 的 Z 世代成员离开手机 30 分钟或更短的时间就会感到不舒服！14% 的 Z 世代成员说他们片刻离不开手机。再进一步看，26% 的 Z 世代男孩和 33% 的 Z 世代女孩日均花在手机上的时间长达 10 个小时甚至更多。Z 世代中 65% 的人每周数次在午夜后使用智能手机，其中 29% 的人表示，他们每晚都在午夜之后使用手机！

根据常识媒体（Common Sense Media）的研究，2018 年，13～17 岁的青少年中 89% 拥有自己的智能手机，这相比于 2012

年（当时该年龄段的青少年中只有41%有智能手机）增幅巨大。

从新生儿互动玩具到无处不在的iPad，技术对Z世代产生了深远的影响，以至于他们认为每个屏幕都是触摸屏，并试图滑动父母的电视机屏幕。从应用程序到视频，媒体平台现在可以教给孩子们一切，例如外语、数学技能、化妆风格和如厕训练。

在技术的获得、采用、规范化和潮流的引领方面，人们经常比较Z世代与千禧一代。这种比较很重要，因为它彰显了Z世代在技术方面如何与众不同，他们与技术的融合又是多么突出。

相较于千禧一代，Z世代才是真正实现互联互通的一代。由于互联网设备兴起时Z世代正年轻，恰逢其时，因而这种互联互通更加深入且自然。听着Alexa回答琐碎问题，享受着Venmo实现的无现金消费，Z世代从小孩长成了青少年；接着他们使用Spotify听流媒体音乐，跟随他们最喜欢的YouTube博主一起上大学，于是Z世代长大成人了。

在技术方面，Z世代的经历与千禧一代不同，他们的数字原生的培养与我们见过的其他任何人（不管是亲眼所见还是通过Twitch[⊖]了解）都不同。

联结高度互联的一代

Z世代广泛使用的成本低廉的移动技术无疑是这一代人最典

　　⊖　Twitch，一个面向视频游戏的实时流媒体视频平台，2011年6月在旧金山创立。——译者注

型的趋势。例如，自出生以来，他们就沉浸在技术中，技术深刻地塑造了他们的世界观；他们在学校对交流的期望，以及与品牌、朋友和家人交流的期望；他们购物的方式；他们更倾向的沟通、协作和团队合作模式；他们搜索信息、答案、约会、医疗、工作和新闻的渠道。

同时，Z 世代也模仿他们的父母，时刻盯着自己的屏幕。无论是在家庭旅行中还是在餐桌上，随时随地埋头盯着屏幕已经成为常态。

我们的女儿瑞雅今年 7 岁。她的记忆中，已经没有可以视频通话前世界的模样了。小时候，如果她在电话里看不见你，就会以为电话坏了。她曾试图在旅馆里打电话，但是当她将听筒放在耳边时，她被从未听到过的声音——拨号音吓到了！对于 Z 世代来说，上一代人普遍使用的技术会让他们感到困惑。有些 YouTube 频道专门收集这类现象，并且广受欢迎（去 YouTube 中搜索"孩子对老式计算机的反应"，开心一下吧）。

瑞雅从来没有为了看周六一早播出的动画而早起过，因为在她的世界中，即使在飞机上，也可以随时看动画或任何节目。实际上，她不喜欢电视，只喜欢网飞。

我们记得曾经在手机上收到一条信息，告知我们瑞雅更改了网飞设置，这样她就可以看任何她想看的节目了。这孩子！幸运的是，网飞给我们发送了一条消息。于是一场心贴心的对话开始了（当然也少不了是面对面的）。收看 PG-13[⊖]节目竟面临如此阻

　　⊖　PG-13，美国电影协会的电影分级制度中的一种，主要是针对 13 岁以下的儿童。——译者注

碍，这是7岁的瑞雅没有预料到的。

尽管地理因素在塑造世代时发挥着巨大作用，但成本低廉的移动技术的连贯性使我们相信Z世代将成为全球范围内最一致的员工和客户，但是我们不确定数年之后是否还会如此。移动技术产生影响的早期迹象确实表明了这一点。从最初的工作来看，我们发现，相比于一个50岁的美国人，一个10岁的美国孩子与一个15岁的伦敦或印度孩子有着更多的共同点。

Z世代作为客户已经对世界产生了巨大的影响，他们也在员工的角色里迅速留下了自己的印记。正如他们之前的所有世代，Z世代也不能被整齐划分到一个"盒子"里。但是我们可以确定，最能塑造这一代人的关键事件、趋势和影响力的，除了技术之外，还有很多东西。与Z世代建立联系的线索遍布我们和他们周围。

虽然Z世代在TikTok上跳舞、观看电竞比赛和发送Snapchat消息对我们来说很陌生，但如果我们花些时间了解Z世代看待世界的视角，我们就能弥合他们与之前世代间的鸿沟。我们无须认同Z世代的世界观，他们也不必赞成我们的，但是花时间去理解他们的观点，能够为联系与影响Z世代提供基础和空间。

在第3章中，我们将深入研究，除了技术之外，还有哪些因素对Z世代产生了巨大影响。

第 3 章

塑造 Z 世代的事件

奥巴马当选对我来说意义重大，因为我从未见过非裔美国总统。对于任何一个梦想有朝一日成为总统的人来说，你面前都应该有一个给你希望、让你相信梦想能实现的人。

——克里斯，22 岁

2008年奥巴马当选美国总统的那天晚上，乔希11岁。

"我清楚地记得在电视上看到'巴拉克·奥巴马将成为第一位黑人总统'的那一刻，我转过身，看着父亲。我的父亲不是一个容易激动的人，但我可以看到他的眼中饱含着感情。我记得自己看着他问道，'他做到了吗？'他看着我说，'是的，他确实做到了'。"

"我转过身去继续看新闻，电视里不同城市的人们正在庆祝。我清楚地记得那一刻。当我再次转过头看我的父亲时，他正在给我的奶奶打电话，问她是否在看新闻。"

"我记得我当时在想，奶奶是在《吉姆·克劳法》①下长大的，奥巴马的当选有着重要的文化意义。这并不是说偏见已经完全消失，而是说有一种强大的力量蕴含在这一划时代的事件中，这证明我们在短时间内获得了巨大的进步。"

Z世代一直都知道美国有一位曾两次当选的非裔美国总统。他们还目睹了校园枪击事件、音乐会和夜总会等场所的境内恐怖主义活动以及新冠疫情的迅速蔓延。与此同时，他们还得应对有关气候变化的铺天盖地的新闻和"假新闻"的兴起。

想象一下，一个十几岁的孩子，在泥沙俱下的社交媒体上看到这些事情，与此同时，他还必须保持"Snapstreak"②标识，

---

① 《吉姆·克劳法》（Jim Crow laws），泛指1876~1965年美国南部各州以及边境各州对有色人种（主要针对非裔美国人，但也包含其他族群）实行种族隔离制度的法律。——译者注

② Snapstreak，是Snapchat为促进网络玩家交流所推出的功能，只要Snapchat好友双方每天互发消息，就可以得到一个火花的标志。——译者注

做一份兼职工作贴补家用，参加大学预修课程[⊖]，照看兄弟姐妹，申请大学，第一次离开家门。

除此之外，还有严重影响 Z 世代父母的"大衰退"、让亲密朋友和家人产生分歧的恶劣政治言论，以及膨胀失控的学生贷款。难怪 Z 世代会觉得自己与前几代人不同，他们成长的时代可能是其他世代的人无法完全理解的。

同样不足为奇的是，Z 世代表示，他们感受到明显的焦虑与压力，但又觉得无法谈论这些。22 岁的伊希切尔是 Z 世代的第一批大学生，他说："几个月前，我看到几个高中同学在 Instagram 和 YouTube 上都十分出名，他们通过制作自己感兴趣的视频便能得到报酬。我看到，一些人过去一无是处，有一份朝九晚五的工作，而现在他们在社交媒体上仅因为有大量的粉丝便能收入颇丰。我就想，'天啊，我得想清楚我要做什么'。"

"看到这些帖子我感到恐慌，反观自己，我还在学校，还在按部就班地生活。'你应该这样做，这就是你的成功之路。'但是看那个家伙——我和他同时上高中，他甚至决定不上大学，而是投身于视频上传。他之所以出现在公众视野中，是因为他'有名气'，而且他的收入也非常可观。而我，仍在原来的轨道上。"

很多 Z 世代的成员都与伊希切尔有着相同的压力，也认同所谓的"成功"的新定义。然而，成为 YouTube 名人，甚至可

⊖　大学预修课程（Advanced Placement class），简称为"AP 课程"，又称"大学先修课程"，在美国和加拿大等国的高中开设有相关课程，它是由美国大学理事会赞助和授权的高中先修性大学课程。——译者注

以选择以社交媒体谋生，在 10 年前这种情况还不存在。这只是 Z 世代与 20 世纪 90 年代及 21 世纪初成年的千禧一代诸多不同之一。

需要什么就有什么、成本低廉的移动技术和分裂的政治氛围（以及其他许多事情）带来了巨大的文化转变，尽管我们都在经历这种转变，但 Z 世代是诞生于转变之中的一代。尽管承受着压力，但 Z 世代也在充分利用这种压力。他们不需要时间来适应，他们已经掌握了前几代人仍在努力理解或不断指责的技术。Z 世代乐于在许多问题上取得进展，比如将多样性和包容性视为他们这一代人的主要特点。

本章将深入探讨截至目前塑造 Z 世代的那些决定性时刻。虽然这些经历共同塑造了 Z 世代，但他们每个人的反应可能会有所不同。尽管如此，这些有力的线索告诉我们，作为其他世代的成员，如何与 Z 世代这代人建立联系。

养育子女：大衰退和学生贷款

当我们申请大学时，也自然而然地申请了学生贷款。每个人都填写了联邦学生免费助学金申请⊖（FAFSA），就好像这是家庭作业。现在，大学毕业 20 年后，我和丈夫仍在还贷，

⊖　联邦学生免费助学金申请（Free Application for Federal Student Aid，FAFSA），是学生申请财务援助的一种途径。——译者注

同时还要在为退休储蓄和为孩子的大学教育储
蓄之间为难。我们应该优先考虑哪一个？

——Z 世代的父母

在代际动力学中心焦点小组，我们问一群十几岁的女孩，她们的父母是否会和她们谈论钱的问题，一群人立即异口同声地回答："会的！一直都在谈！"在场的每个女孩都表示，她们的父母经常和她们谈论各种各样的财务话题，从债务到预算皆有涉及。

根据我们的《2019 年 Z 世代现状研究》，66% 的 Z 世代担心学生贷款会累积或无法偿还，79% 的 Z 世代在整体上担心他们的未来。

一名参与者说道："我们在高中时被要求必修个人理财课，这门课让我受益颇多。我父母有谈论储蓄，所以对此我已经了解了很多，但当我们亲眼看到存款可以产出复利和其他收益，这种视觉冲击就更加强烈了。这让我想早点存钱，最好现在就开始。"

Z 世代在工作时没有经历过大衰退，但他们的父母经历过，看着父母面临困境的挣扎，Z 世代情绪强烈，他们感到痛苦而又真实，这影响了他们对工作、金钱、自立以及养家糊口的不容易的看法。

在大衰退期间，处于成长期的 Z 世代直面了工作（或努力找工作）的严酷现实，对此父母也和他们多有讨论。Z 世代目睹了他们的父母为了养家而债台高筑、不断受挫。无论是饭桌上父母有意地分享，还是他们无意中听到的电话和成年人之间的对话，Z 世代都可以明显感受到这种压力。

即使对于那些在大衰退期间无须抚养孩子的 X 世代和千禧一代（因为许多千禧一代推迟了结婚和生育）来说，大衰退的教训仍然存在，并最终传递给了他们的孩子。工资停滞、房租和购房成本不断上升以及贫富差距扩大的真实感知，让这一经历更加复杂。

对于许多作为父母的千禧一代来说，创纪录的学生贷款使他们的财务状况更加困难。截至 2019 年 9 月，1500 万千禧一代（年龄在 25～34 岁）的学生贷款总计超过 5000 亿美元。许多 Z 世代的父母至今仍背负着此类债务，这也影响了他们养育孩子的风格，以及与孩子谈论工作、消费和金钱的方式。

大衰退带来的意想不到的后果和飙升的学生贷款债务，实际上可能会帮助 Z 世代在自己的生活中避免掉进类似的陷阱。我们的研究表明，这是有可能的。我们发现，86% 的 Z 世代高中生有读大学的计划，其中半数表示，他们仅愿意承担 1 万美元或更少的学生贷款。事实上，27% 的人表示，他们根本不愿意承担任何此类债务。Z 世代的财务意识和务实风格源于他们对父母和千禧一代的困境的观察。受大萧条影响的几代人，在与 Z 世代相同的这个年龄段，是不具有这样普遍的财务意识和务实风格的。

新价值观和社会行动主义

Z 世代在一个碰撞的时代中长大成年，公开表达的社会价值观在几代人、新闻媒体、街头抗议和社交媒体之间相互冲突。

这种社会价值观的碰撞，一定程度上来自年轻一代与前几代人不同的期待与渴望。这种激烈的、情绪化的对话正在 Z 世代的社交媒体上、没完没了的有线电视新闻上、网络夺人眼球的标题上全天候、无休止地上演。

已成年的 Z 世代成员，很多已经公开表示，在多样性、包容性、基于性别的薪酬差距、枪支立法、环境责任等问题上，他们不再愿意接受现状。Z 世代中的部分成员（当然不是全体）支持这些运动，希望自己成年后能给他们这一代带来新的规范和期望。

这些公众的抗议催生了一系列高能的运动，从"黑人的命也是命"（#BlackLivesMatter）到"我也是"（#MeToo）。不过，最让其他几代人感到惊讶但也最重要的是，Z 世代的活动人士正在热情地推动他们所定义的新现状，这也是他们唯一知道的现状。

许多年轻的 Z 世代成员之前根本没有听说过这些事件：美国职业橄榄球大联盟[⊖]（NFL）运动员在奏国歌时下跪以抗议种族歧视；美国国家女足为实现与男足同工同酬，公开要求加薪；女性

　　⊖　美国职业橄榄球大联盟（NFL），是世界最大的职业美式橄榄球联盟，也是最具商业价值的体育联盟之一。——译者注

揭露她们所面临的性骚扰、虐待和性别歧视。许多 Z 世代成员都不记得在气候变化成为他们这一代人关注的问题之前的生活。

在多样性和包容性方面，Z 世代的呼声显得尤为强烈。对其他几代人来说，认识到 Z 世代是美国现代历史上种族和民族最多样化的一代尤为重要。Z 世代希望任何地方都能体现多样性和包容性。根据皮尤研究中心⊖的数据，在美国，Z 世代中非白人占 48%，千禧一代、X 世代和婴儿潮一代的非白人比例分别为 39%、30% 和 18%。

我们的研究显示，Z 世代对雇主的多样性和包容性有更高的期望。他们希望看到女性和少数族裔进入公司的最高层，并有机会"全身心投入工作"。尽管这与某些领导的惯常做法有所不同，但这与千禧一代带入职场并继续推进的社会变革和透明度并非完全不同，甚至与 X 世代和婴儿潮一代带来的变化也并非完全不同。

也许这种多样性的一部分即为思想的多样性。根据我们的《2016 年 Z 世代现状研究》，Z 世代认为美国人并不包容与自己观点和价值观相异的人，但 Z 世代认为自己应该包容。问题是，你认为美国人应该包容其他在政治、宗教和家庭价值观等领域与自己信仰不同的本国人吗？65% 的人表示应该。当被问及：你认为美国人在政治、宗教和家庭价值观等领域对与自己信仰不同的本国人持包容态度吗？26% 的人表示是的。

千禧一代和 Z 世代之间最大的区别是，借助社交媒体，Z 世

⊖　皮尤研究中心（Pew Research Center），美国一家民调机构和智库机构。——译者注

代从很小时候就能够积极参与他们认同的倡议和运动。这种不用真正出现在街头抗议或领导罢工就能参与的能力，带来了更高的线上参与度（比如点赞、分享、评论等）——所有这些都不用迈出家门。与此同时，这种方式促使大学试图帮助这一代人学会如何以文明、建设性的方式表达不同意见。一些大学，包括华盛顿特区的美利坚大学、明尼苏达州的卡尔顿学院和北卡罗来纳州的维克森林大学，已经在它们的课程中增加了公民话语[⊖]专业，以帮助 Z 世代学习如何与拥有不同背景、价值观和观点的人辩论、对话并表达不同意见。

校园枪击事件和美国恐怖主义

> 在 6 分多钟内，17 位朋友离开了我们，15 位朋友受伤，道格拉斯社区的每个人都永远地被改变了。
>
> ——埃玛·冈萨雷斯，
> 在 2018 年为反枪支暴力而举行的
> "为我们的生命游行"集会上的讲话

　　Z 世代以"一切科技化"而为人所知，但不幸的是，他们也经历了可怕的大规模校园枪击事件。第一起该类事件发生在科罗

　　⊖　公民话语（Civil Discourse），一种以文明的方式进行的讨论，或者关于民事问题的论述。——译者注

拉多州科伦拜高中（1999 年），千禧一代为经历者。但在康涅狄格州桑迪胡克小学、佛罗里达州道格拉斯高中和得克萨斯州圣达菲高中等多起大规模枪击事件发生时，Z 世代已经成年。这些校园枪击事件对 Z 世代产生了长期影响，其结果将在数十年内显现。对于 Z 世代来说，校园和其他公共场所的枪支暴力和恐怖主义已经成为常态。

然而，对道格拉斯高中校园枪击事件的反应，激发了许多 Z 世代更加积极，或者至少在学校安全等问题上更加直言不讳。Z 世代在社交媒体找到了天然的慰藉，社交媒体是他们分享恐惧、悲伤、愤怒、沮丧和观点的一个即时、强烈和放大的出口。这些激烈的社交媒体参与，以及从真正的 Z 世代学校幸存者（如戴维·霍格）那里获得的支持，带来了大量的在线报道和社交媒体的参与。

Z 世代最终可能会也可能不会比前几代人更多地参与政治活动，但那些想在政坛上活跃起来的人有机会利用社交媒体，这使他们在学校、在公交车上和地铁上，甚至在自己家里就能成为活动家。他们不需要出现在活动现场才能被听见，才能看到人们的回应。

Z 世代也已成年，在这个"9·11"事件后美国国内恐怖主义抬头的时代，从波士顿马拉松爆炸案到奥兰多夜总会枪击案，再到拉斯维加斯音乐节的大规模枪击事件，更不用说那些足不出户就能看到的世界各地令人不安的事件了。

教育和学习

Z 世代将科技视为他们学习的生命线，但他们使用各种数字设备的方式与前几代人有所不同。

正如一名 Z 世代告诉我们的那样："我只用电脑做功课，手机只用来和我的朋友聊天，看看发生了什么。如果老师要求我为上课做些准备，那么我会用电脑找信息或答案。否则，说真的，我并不会碰它。"

Z 世代已经拥有比历史上任何一代人都要丰富的学习渠道。知识被固定且只有在数年才更新一次的教科书中才能获得的日子已一去不返了。只有富有的私立学校或城市教育中心才可以为学生提供丰富的学习选项的日子也已远去。现在，几乎所有 Z 世代成员都可以在手机上见证历史，不论是 SpaceX 火箭的发射和推进器的成功降落，还是来自世界另一端的青少年关于社会变化的推文，或者在谷歌上搜索一个地理问题的答案。

信息比以往任何时候都更加大众化，更容易获取。这是否意味着信息获取方式是平等的，所有信息都是准确的？绝对不是。然而，在世界上许多地方，廉价的智能手机已为个人、家庭和社区带去了信息、联系、创新和学习机会，这在 20 年前是不可能的。

我们特别关注的一种学习趋势是语音搜索。目前，Z 世代中最年轻的成员已经成年，他们依靠语音进行搜索——实际上，甚至完全无须打字！ Z 世代可以向 Alexa 或 Siri 提问，无须输入任何字母便可立即获得他们所需的信息。我们相信，无论是在工作场所还是作为消费者，对于 Z 世代来说，语音搜索将成为他们学习、参与和获取信息的主要趋势。

随着 Z 世代进入职场，移动设备、语音搜索、平板电脑和自适应软件[○]的结合，以及它们与学校的整合，将不可避免地对工作场所提出新的要求，需要有复杂的学习和协作工具配合发挥作用。我们将在本书后文对此进行探讨。

YouTube、网飞和内容创作

当涉及极其重要的内容消费时，Z 世代主要希望通过移动屏幕进行娱乐、学习和参与。现在的趋势是，Z 世代正迅速远离（或完全跳过）有线电视而转向 YouTube、网飞和 TikTok。

Z 世代在 YouTube 上花费大量时间，在我们组织的 Z 世代圆桌会议上，他们喜欢将 YouTube 称为 " Google-Tube"。Z 世代使用 YouTube 来搜索信息、答案和进行娱乐，就像其他世代使用谷歌搜索一样。Z 世代直接在 YouTube 而非谷歌上输入他们想要学习或得到解答的内容。对于许多 Z 世代成员来说，YouTube 实质上是他们访问网络信息的主页。根据 2018 年一项名为"我们是火石"（We are Flint）的研究，96% 的 18~24 岁的网民会访问 YouTube，一般访问时间是 40 分钟，时长平均每年增长 50%。YouTube 现在是全球第二大搜索引擎。

○ 自适应软件，一种专门的软件，通过编程或创建来响应用户需求或愿望的变化。——译者注

　　我们 2019 年的全美研究显示，97% 的 Z 世代每周至少使用一次视频流媒体服务，其中 85% 会访问 YouTube。Z 世代通过 YouTube 学习化妆、新舞蹈或者在电子游戏中取胜的新策略。他们不仅是为了娱乐或学习而关注网红，他们还会从 YouTube 网红那里购买东西。我们将在本书的第二部分分享更多关于"购买"内容，涉及品牌和 Z 世代。

　　YouTube 给 Z 世代带来的乐趣就像电视给前几代人带来的乐趣一样。Z 世代喜欢各种视频，包括观看网红恶搞、玩网络游戏，或者只是在视频博客上分享自己的日常想法和滑稽动作。Z 世代想要看到和他们相似的人或者他们想要成为的人的生活。这类似于真人秀，但带有更多自己制作的感觉，使视频内容看起来更加真实。

　　Z 世代消费内容的方式、时间、原因和地点，尤其是他们在哪里创作自己的内容，揭示了许多关于这一代人的信息，以及品牌需要如何吸引他们，企业需要如何培训他们，内容提供商需要如何适应他们。

　　Z 世代很少需要为了观看他们最喜欢的娱乐节目而收看两分钟的厕纸广告（令人讨厌的是，YouTube 不允许他们跳过广告），他们也总是能够快进、暂停、跳过和评价每个视频。这代人不必在下午 6 点前赶回家观看他们最喜欢的电视节目，也不必希望他们最喜欢的歌曲能够在广播中随机播放，Z 世代已经从广告商、网络或节目策划的安排中解放出来。他们以自己的方式获取内容。很多 Z 世代成员甚至都不记得，曾几何时，人们不得不等待网飞的 DVD 通过邮件来送达。对于 Z 世代来说，几乎所有内容都是触手可及、免费或廉价的，且都是根据他们过去的流媒体使用情况和评分"推荐"的。

让我们谈谈从婴儿潮一代起发生的变化。那时电视只有三个频道，而且这些频道在深夜停播；或者 X 世代，他们见证了付费（即昂贵的）有线网络的崛起。X 世代也为他们婴儿潮一代的父母充当"遥控器"，父母会说："起来，帮我换个台。"

千禧一代拥有更多的观看选择，他们看到的内容也从有线变为了无线。在 YouTube 早期，千禧一代也是电影点播的尝鲜者。

所有这些免费或低成本的流媒体服务使 Z 世代成为完美的内容客户，但他们希望这些内容在他们选择的任何设备上都能够有单独推荐，且很少或完全没有商业广告，尤其是在他们支付了任意类型订阅费的情况下。

此外，与前几代人不同，Z 世代也成了内容创作者。Z 世代的许多人，尤其是现在的青少年，并不知道曾经的手机是无法拍摄视频的。结果就是，Z 世代已经从数字受众变为了数字内容创作者，无论何时何地。这让许多比传统名人更吸引观众的 YouTube 用户成了明星，也让一些名人在 YouTube 上崭露头角，比如贾斯汀·比伯（Justin Bieber）。2018 年，一位名叫瑞安（Ryan）的 YouTube 用户通过在他的 YouTube 频道"瑞安的世界"上传自己玩具开箱和使用的视频，收入 2200 万美元。那一年他 7 岁。

尽管有些 YouTube 用户可以通过内容创作盈利，但 Z 世代希望他们消费的大部分内容都是免费的，或者至少应该是免费的。这给传统有线电视提供商带来了挑战，但也为 Z 世代创造了一个

新的机会，让他们可以深入参与到各种各样的在线内容主题中。Z
世代对多样性、深奥话题和个性化的渴望，将给员工队伍和希望
吸引他们的品牌带来重大改变。

身心健康

伴随着影响 Z 世代的技术飞速发展，人们围绕身心健康问题
进行了高度公开的讨论。我们的研究表明，心理健康问题是许多
Z 世代成员在青春期前、青春期时和成年后经历艰难人生阶段时
最关心的问题。这些问题由于同龄人（包括朋友和同学）持续发
布照片、视频、帖子而变得更具挑战性，这些照片、视频和帖子
向人们展示了他们的生活本应多么美好。在我们对社交媒体的研
究中，我们不断发现，社交媒体会降低 Z 世代许多人的自我价值，
并增加本已艰难的青少年时期的焦虑感、不安全感和情感压力。

根据我们的研究，42% 的 Z 世代成员表示社交媒体影响了他
们的自我感觉，42% 的 Z 世代成员表示社交媒体影响了别人对他
们的看法，39% 的 Z 世代成员表示社交媒体影响了他们的自尊，
37% 的 Z 世代成员则表示社交媒体影响了他们的幸福感，55%
的 Z 世代成员曾对别人在网上发布的有关他们的信息感到担忧并
承受了压力。总体而言，46% 的 Z 世代成员认为科技总体上对他
们的心理健康有害。

外部研究也支持了我们的发现。2019 年，发表在《变态心理
学杂志》（*Journal of Abnormal Psychology*）的一份报告指出，

与 10 年前相同年龄段的人相比，21 世纪 10 年代末的青少年和青年人承受的严重心理压力增加了 50% 以上。该研究指出，数字媒体，包括社交媒体和网络霸凌，是该年龄段人群压力的首要来源。

正如我们喜欢向老一辈人解释新事物那样，Z 世代也告诉我们，社交媒体给人的压力一天 24 小时全周无休，社交媒体上的人们甚至更刻薄，因为他们可以躲在键盘和匿名的个人资料后面。在网络霸凌问题上尤其如此，这是许多 Z 世代从小就面临的问题。社交媒体上一些微妙（以及没那么微妙）的形式构成了排斥行为。屏蔽分享被视为一种冷落行为，就像有人不喜欢某个帖子或视频一样。对于 Z 世代的一些人来说，根据某人是否点赞或评论你的社交媒体帖子，就可以知道他是不是你的朋友。Z 世代在成长过程中一直面临着如何应对社交媒体及其影响的压力。在我们 2019 年的全美研究中，61% 的 Z 世代成员告诉我们，他们认为学校或大学应该教他们如何更好地管理自己的网络声誉。

当谈到心理健康问题时，传统的干预方法，比如热线电话和亲自求助专业人士，对 Z 世代并无吸引力。一些组织正在做出相应的调整，提供更符合 Z 世代喜好的帮助方式，比如短信。我们认为，随着 Z 世代的不断成长，这一趋势将持续下去，特别是在员工队伍中。

与此同时，Z 世代热衷于健身追踪器、监视器和健康互联设备。从 Fitbit[⊖]产品和苹果手表到手机上的健康追踪软件，甚至是联网的健身设备，不一而足。Z 世代已经进入一个每步踪迹都可

　　⊖　Fitbit，一家美国消费电子产品和健身公司，总部位于加利福尼亚州旧金山，主要产品包括活动追踪器、智能手表和无线可穿戴式智能产品等。——译者注

以被记录的时代，在这个时代里，每一卡路里、每一顿饭都能被计算和记录，每一个进展或挫折也都可以直接在手机上展示。正如一名青少年告诉我们的那样，对于许多 Z 世代成员来说，这可能是一个强烈的积极因素，"我戴 Fitbit 是因为我总在四处走动，我喜欢和哥哥还有妈妈比赛谁走的步数最多"。但是步数和卡路里计算可能会给 Z 世代带来身体形象、饮食失调等方面的压力。因此，这一代人抵制广告中经过精心修饰的不真实的女性形象也就不足为奇了。响应 Z 世代需求的品牌之一就是 Aerie[⊖]，该品牌为各种体型和身材的女性生产内衣——正如其网站所说的，"为每个女孩"。

变化的世界

我们在本章中所探讨的每一种趋势，都是有关 Z 世代未来数十年更宏大故事的一部分。每一种趋势都在 Z 世代成长的特殊时期出现，或是不用拨号上网的青少年时期，或是无须购买整张专辑、随时可以下载歌曲的孩童时期。Z 世代可能会永远记得，当新冠疫情扰乱他们的学习和日常生活时，他们身处何方。

在第 4 章中，我们将深入探讨 Z 世代的科技体验，了解这如何影响 Z 世代作为员工、顾客和趋势引领者的期望、行为驱动因素和规范。

　⊖　Aerie，美国 American Eagle Outfitters 旗下的内衣品牌，与维密提倡的"完美身材"不同，Aerie 提倡"自然身材"，推崇自由舒适的体感，主打年轻活泼又舒适的美式风格。——译者注

第 4 章

6.1 英寸屏幕前的生活

> 无论走到哪里，我都在用手机。手机要么在手中，要么在口袋里。学校布置的作业在里面，我的社交媒体在里面，我的笔记也在里面，我生活中的方方面面都需要用到手机。
>
> ——克里斯蒂娜，21 岁

周一早上 8:30，苹果手机的闹钟准时响起，天普大学（Temple University）20 岁的大三学生伊莎贝拉从睡梦中醒来，此时距她今天的第一节课还有一个小时。

她关掉闹钟，点开谷歌教室（Google Classroom）应用程序来查看老师布置的作业。好消息是，她的教授发布了一段她上周错过的讲座视频。伊莎贝拉在心中默念，"待会儿上学时在公交上看"。

回到手机的主屏幕，她打开 Snapchat，查看她正在进行的 6 条 Snapstreak[⊖]，通过软件上的互动，她与她的高中同学、夏令营的室友、猫咖馆的同事以及住在波士顿、萨克拉门托和斯德哥尔摩的表亲们联系起来。她拍了一张自拍，加了个猫鼻子滤镜，然后发到每条对话框中。她的 Snapchat 得分涨到了233 617 分。

接下来，伊莎贝拉想起她的课到中午就结束了，于是她查看跑腿兔[⊖]，挑选自己能接的临时工作。组装宜家家具是她的强项。去年夏天，她发现这个工作类别在应用程序上非常受欢迎。轻点几下屏幕，她就接到了下午 4 点组装一张桌子和储物间的工作，价格 40 美元。太棒了！周五外出的钱有着落了。

说起外出，伊莎贝拉一直打算学习烟熏妆的画法。她在 YouTube 的搜索栏里输入"烟熏妆"，看了 4 个视频，然后到亚

⊖　Snapstreak，是 Snapchat 上的一项功能，用来计算两人间连续发送快照的天数，Snapstreak 数字会随着双方每天连续互发照片的数量而增加。——译者注
⊖　跑腿兔（TaskRabbit），是美国的一个自由职业者平台。——译者注

马逊上订购了两位化妆师推荐的眼线笔。

哎，又一个亚马逊订单。她有些焦虑，因为她已经用完了这个月的购物预算。她打开自己的银行应用程序，查看账户余额后松了口气。她忘了自己之前在脸书上卖掉自己的旧iPad，赚到了100美元。Venmo[○]昨晚把钱转入了她的账户。现金流看起来不错。

一想到钱，伊莎贝拉便意识到，她真的需要一份暑期实习工作了。她打开领英（LinkedIn），在工作搜索栏里输入"平面设计实习生"。很快几十个结果跳了出来，但她有点不知所措，担心自己的作品集不够丰富，无法满足其中的任何一个工作要求。所以她打开自由职业者服务平台Fiverr，寻找设计工作。来得早不如来得巧，一群沃顿商学院的工商管理硕士正在找人为他们初创的活动策划公司设计一个标志。她给出了20美元设计10个标志的报价。这样她每小时大约能挣几美分，而这也正是她丰富自己作品集所需的。伊莎贝拉递交了报价，祝自己好运。

她还没来得及关闭Fiverr的页面，一条短信跳了出来："嗨，亲爱的！这周末如果你要回家给爷爷过生日，记得告诉我。"

是妈妈的消息，她稍后会回复。

伊莎贝拉的目光转到屏幕右上角，时钟显示上午9:13。该起床去上课了。

○　Venmo，是PayPal旗下的一款移动支付服务。——译者注

无法停下来，不会停下来

手机不离手，是我们的通病。即便你不是 Z 世代的一员，也没有搜索化妆技巧，你也可以在伊莎贝拉典型的周一早晨中看到自己生活的影子。你的大脑和拇指在待办事项清单、应用程序和对话列表（或者我们这一代人的电子邮件）之间飞速切换。早上起床前，你可能会登录网上银行、订购食品杂货、创建锻炼时要听的音乐播放列表、浏览新闻等。

这是当代社会许多人的生活现状。但是，如果你比 Z 世代年长，你可能会记得，以前的生活方式与现在大不一样。你可能还记得通过电子邮件（或者传真）发送简历的年代，那时工资支票需要打印出来，弄丢的家庭作业还要找同学借。但 Z 世代所熟知的生活，都是围绕着应用程序展开的。

Z 世代对手机是如此依赖，以至于它正在塑造这代人的世界观，影响他们工作中对沟通合作方式的预期，并造就着他们的教育观。同时，手机也决定了 Z 世代希望如何与品牌、服务提供商、潜在雇主甚至是客服互动。

其他世代成员认为，Z 世代对这些技术的预期与他们有很大不同（"Z 世代有如此高的预期！"）。然而事实并非如此。Z 世代只是基于他们的一贯认知和习惯经历的事情而有不同的预期。理解这一代人思维模式的力量，将有助于作为领导者的你适应和释放 Z 世代作为员工、客户和潮流引领者的潜力，甚至能让你更懂自己的孩子。

当我们谈及Z世代的数字生活时，他们在手机上花多少时间是一个主要因素，因为他们的确在手机上花了非常多的时间。事实上，55%的Z世代每天会在手机上花费5个小时乃至更长时间。他们中超过一半的人把大部分闲暇时间花在与那些不在身边的人的联络上。此外，我们2019年的全美研究显示，84%的Z世代成员每周至少使用一次即时通信应用程序，其中45%的人在发送信息时，大部分时候乃至任何时候都会使用表情符号。Z世代发现，在与朋友交流的过程中，使用表情符号、表情包、动图、形象化符号、滤镜、视频等数字沟通方式通常比文字更容易，即便在敏感的对话中也是如此。从代际研究人员的角度来看，这是个很有趣的现象，因为不同世代的人有时会给表情符号赋予不同的含义（或者只是混淆了）。当一名Z世代成员发送一条只有一串表情符号而没有文字的信息时，这种情况尤为突出，父母不得不上网查询每个表情符号的含义。

　　丹尼尔是我们焦点小组中的一位家长，当他查看家庭手机套餐中的资费使用情况时，他大吃一惊。4周的时间里，他的妻子发了76条信息，他发了243条，他16岁的儿子发了10 184条。"假设他每天睡8个小时，"他说道，"我觉得他不只睡这么久，但是为了极端点说，就当是8个小时吧……这意味着在这4周的时间里，他每小时得发送超过22条信息。这怎么可能呢？我的意思是，还怎么做别的事儿呢？"

　　新学年伊始，总是有各种活动和令人兴奋的事情，虽然对前几代人来说，这种狂热直到开学第一天才真正开始，但Z世代的体验则完全不同。12 岁的凯特琳花了很多时间与朋友联络，这在她上舞蹈课时体现得尤为明显。课上她把手机放在包里，短短一个小时之后，她收到了 700 多条群消息，全是在讨论课堂作业和开学的事情！

Z 世代在使用手机时长方面存在性别差异（见表 4-1）。我们的研究显示，65% 的女性每天在手机上花费 5 个小时或以上的时间，而男性中花费同时长的人只占 50%。就手机的整体使用情况而言，Z 世代女性在数字互动方面要比 Z 世代男性多得多，尽管 Z 世代男性在游戏设备和游戏平台上花费的时间稍稍弥补了这一差距。

表 4-1　Z 世代使用手机时长占比

手机使用时间	Z 世代
每天 10 小时以上	26%
每天 5～9 小时	29%
每天 1～4 小时	35%
每天少于 1 小时	3%
不使用或从来没用过手机	7%

资料来源：State of Gen Z, 2018.

另外一个关于 Z 世代和手机的有趣现象体现在他们凌晨时的手机使用量上。在《2018 年 Z 世代现状研究》中，我们发现有 44% 的人每周有一次到几次在凌晨使用手机，而更让我们感到震惊的是，29% 的人说他们每天在凌晨都还在用手机。

以下是我们组织的与 Z 世代焦点小组的一次交流：

乔丹：手机让我丧失了时间感。我以为我用了 10 分钟，实际上却是 30 分钟。

凯蒂：甚至是一个小时。有时我们说"再等 5 分钟"，但其实转眼就是两个小时。

杰克逊：最糟糕的是当你晚上想睡觉的时候，你也很累了，但你不得不聊天。

凯蒂：昨晚我想，"我一定要在 11:30 睡觉"，但是我一直玩手机玩到……12:30。其实也没什么要紧事，我只是在看手机，浪费时间。

这一代人永远在线，任何时候都能联系得上。对于 Z 世代的大多数人来说，他们几乎手机不离身。许多人几分钟就要看一眼手机，看是否有新的信息或提醒。

我们需要花几十年去研究这种不间断联系所产生的长期影响。但已经很明显的是，Z 世代的世界比以往任何时候都联系得更加紧密。澳大利亚的某位美妆网红可能会白天在脸书或 YouTube 上直播新的化妆技巧，此时美国的 Z 世代会熬夜观看；或者他们可能和朋友在网上玩游戏，而他们的游戏玩伴却住在韩国和阿布扎比。

展望未来，这种全天候移动联结的新现实带来了许多问题，诸如：这种大规模的技术使用如何影响 Z 世代的睡眠、心理健康、学习、工作、人际关系？这都是我们在未来继续研究 Z 世代的过程中将重点关注的几大领域。但在我们找到答案之前，对于企业而言，至关重要的是，要将一切工作的重点放在 Z 世代对手机的依赖上，借此与这代人构建联系，并对其产生影响。无论企业是想招聘员工还是希望吸引和留住 Z 世代客户，它们都必须能够让 Z 世代通过手机屏幕轻松、快速、愉悦地找到它们，否则这些企业就不会有什么吸引力。

社交媒体即媒介

你做的很多工作都用获得多少"赞"来衡量。我觉得这真的很悲哀。老实说，这在我们这一代确实很普遍。收获"赞"会直接促使大脑释放多巴胺。我正在努力摆脱这种状态，因为有时获"赞"多少与身体吸引力有关。比方说，我发了张我家狗的照片，没人点赞，而我发了张赤膊上身的照片，就获得了 140 个赞。所以我尽量避免陷入这种状态。

——一位 20 岁的 Z 世代男性

以手机为媒介，通过 Z 世代使用的手机应用程序，以及他们使用这些程序的方式，可以了解诸多关于 Z 世代对信息和沟通的预期。社交媒体应用程序在应用程序中位居榜首，并且蕴藏着大量的数据，领导者可以洞察这些数据，以进一步了解这一代人。

Z 世代已经在社交媒体的陪伴下步入成年。社交媒体已经成为他们与同龄人、家庭、新闻、世界大事、娱乐乃至更多事物联系的桥梁。社交媒体本质上是将 Z 世代与他人及周围世界联系在一起的数字黏合剂。而这一切都是通过他们手中的小屏幕实现的。

　　尽管 Z 世代很容易与 Snapchat 上的 500 位朋友保持联系，但社交媒体也存在明显的弊端。如前所述，我们开展的全美研究表明，社交媒体会对 Z 世代的自我价值、自尊心、外形、自信心等方方面面产生负面影响。我们在 2016 年开展的全美研究显示，Z 世代中有 42% 的人认为社交媒体强烈影响着别人对他们的看法；另外有 42% 的人也表示社交媒体对他们自我认知的影响很大；几乎 40% 的人指出，社交媒体强烈影响他们的自尊。

　　尽管社交媒体具有潜在的问题和消极的一面，但 Z 世代仍然严重依赖它。社交平台是他们的期望和行为重要的驱动力，从需要即时反馈（我的 Instagram 发文收到了多少评论？！）延展到社交规范，比如人们是否喜欢你的头发、衣服、新文身或度假照片。Z 世代需要拍很多张照片才能选出一张满意的（有时你在 Instagram 上看到的一张照片，其实是从 50 张以上的照片中选出来的），然后使用滤镜编辑照片，再选择平台，选择好友分组，以及一天中最合适的发布时间。Z 世代这一系列操作，就好像他们在媒体工作一样，当然这里是指社交媒体。

　　对于 Z 世代来说，"黄金时间"这个词与看电视无关。相反，黄金时间是在 Instagram 上发照片或推文，或是在 TikTok 上发布视频能够获得最多点赞和评论量的最佳时间。正如 Z 世代的一位成员解释的："我的朋友，大约在两天前发了一张照片，但没在大部分人在线的黄金时间发送，所以她删了这张照片。两个小时后她又发了一遍，因为她知道这次能收获更多的赞。"

在 2018 年的 Z 世代研究中我们发现，社交媒体对 Z 世代的女性而言比男性要重要得多。女性始终认为社交媒体对她们更为重要，并且在社交媒体上比男性更活跃。这决定了从购物地点、购物时间、与谁一起购物，到最终购买的商品等所有内容，每一步都可以在社交媒体上分享。

特定平台的特定任务

我们的研究表明，Z 世代当前使用的通信平台和技术很大程度上取决于具体情况，无论是问朋友一个关于学校的问题、邀请朋友参加聚会，还是处理与金钱有关的事宜（见表 4-2）。Z 世代希望沟通能够快速、高效，能在手机上完成，如果可能的话，该平台最好有很好的视觉效果。

在社交媒体领域，有几个平台对 Z 世代最具影响力，对于领导者来说，与 Z 世代接触时，了解这些平台是非常重要的。以下是这几个平台及其重要的原因。

表 4-2　不同情况下使用的应用程序

脸书	查看群体性活动	39%
	创建群体性活动	34%
	看新闻	25%
	在新地方打卡	23%
	了解某位潜在雇主	18%
Snapchat	发布或发送自己的视频	40%
	发布或发送自拍	36%
	发布或发送有趣的视频	32%
Instagram	跟踪自己喜欢的品牌	41%
	建立一个假社交账号	19%
短信	和朋友约见面时间	41%
Facetime	和朋友打视频电话	28%
评级 / 评估应用	了解想要购买的产品	27%

Snapchat

　　Z 世代喜欢 Snapchat。你可以通过查看一个人的 Snapchat 得分来判断他使用该平台的程度，该得分通常基于一个人在平台上发送和接收快照的次数。

　　CGK 研究员：你的 Snapchat 得分是多少？

　　Z 世代成员 1：嗯，我的得分可是很高的。

　　CGK 研究员：我猜有 7 万多？

　　Z 世代成员 1：哦，我估计大概有 20 多万。

　　CGK 研究员：20 万？

　　Z 世代成员 1：28.3 万。

　　Z 世代成员 2：我的有 30.1 万。

　　CGK 研究员：你们都有多少分？

Z 世代成员 3：我的 19 万。

Z 世代成员 4：我的 38.8 万。

Z 世代成员 5：我的 59.4 万。

Z 世代成员 6：我的才 14.7 万。

59.4 万。Snapchat 是 Z 世代许多成员高度信任和参与的平台，使用频率极高，特别是在美国（在其他国家和地区，WhatsApp、微信或微博可能是最常用、信誉度和参与度最高的平台）。为什么 Snapchat 在 Z 世代成员中如此受欢迎？原因有很多，可能是天时、地利、人和。但最主要的驱动因素之一是，人们认为 Snapchat 的帖子是更为"当下的"、真实的和坦诚的照片和故事。

"Snap[○]没那么正式，我可以把我的自拍发给朋友，他们也会把他们的自拍发给我"，我们焦点小组的一位 Z 世代成员解释道，"我们没具体聊过，但我认为，发短信的时候，你得有一个话题，你得花时间编辑短信。但像 Snap 这样就容易多了，因为只是一张照片而已。"

Snapchat 上的照片不像在 Instagram 上发照片那样，刻意去美化和修饰，但"Snap"更好玩、更有趣、更真实。Snap 的滤镜和定制化身使 Z 世代只需在屏幕上轻敲几下或刷几下，瞬间就可以使他们的照片变得独特。

快速创作独特的和个性化的照片，对 Z 世代极具吸引力，

　○　Snap，Snapchat 上的照片及视频被称为 Snap（快照）。——译者注

符合其高度视觉化的世代标准。同时，照片和信息不必过于完美，这对 Z 世代来说是一种解脱。在这个世界上，许多照片，尤其是用于宣传的照片，都经过高度编辑以达到完美的效果。"Snapchat 没那么正式，"另一名焦点小组参与者说道，"我爸爸在部队工作，所以我们经常搬家。我在 Snapchat 上有一群来自全国各地的朋友，我们保持着联系。我在朋友的名字前备注了表情符号。每天早上我都会随机拍一些东西，有时可能只是我的床单，我会说'早上好啊，亲们'，然后我会发送给他们所有的数百人。我每天早上都这么做。"

在 Snapstreak 中，你可以给自己最亲近（或是选定分组）的朋友发送一张照片，他们会在 24 小时内回发一张照片。许多 Z 世代会坚持这种互动超过 100 天。对一些人来说，不回照片是不礼貌的，会让你很快失去朋友。要求迅速做出回应会有很大的社交压力，无论你当天在哪里。

正如一位母亲谈及 Snapstreak 对孩子的重要性：

"今年春假，我们全家计划去得克萨斯州的大本德国家公园游玩。我对 13 岁的儿子以斯拉说，在干燥崎岖的山区，是不会有无线网络的。我们唯一能看到的光就是月亮和星星发出的光亮。他的眼睛立刻睁得大大的，他说：'妈妈，我们不能去，否则我会失去所有的 streaks！'我犹豫着要不要取消这次旅行，因为这注定会让他失望。对此他回答说，'好吧，妈妈，我告诉格里芬（他最好的朋友），让他帮我维护一下 streaks'。"

Snapchat 仅仅向你选择的朋友发送照片，这消除了全

世界可见的照片所带来的一些风险、焦虑和不适，例如当你在
Instagram 上向所有关注者发布照片时，这些关注者可能是也可
能不是你现实中的朋友。

继脸书之后，Snapchat 得到广泛应用，它也吸引了 Z 世代，
这意味着它是 Z 世代当前使用的社交媒体平台。换句话说，父母
使用脸书，Z 世代使用 Snapchat。这种隐私感对青少年来说很
重要，他们通常已经经历了尴尬的青春期，正在寻找一个可以和
最亲密的朋友坦诚相待、互诉衷肠的渠道。最终，其他几代人可
能也会使用 Snapchat，尤其是千禧一代，但目前相比其他软件，
Snapchat 更受年纪小的人青睐（尤其是在美国），这使得它自然
而然地成为 Z 世代和年轻千禧一代的线上营地和交流平台。

Instagram

Snapchat 设计的初衷是更亲密、更即时和"在幕后"，而
Instagram 则希望 Z 世代通过精美的照片向世界展示他们的生活
方式、经历、认同感、价值观或个人品牌。正如 Z 世代经常告诉
我们的，"Instagram 反映出你希望世界如何看待你，Snapchat
则是呈现你真实的世界"。

这两者的区别体现在发帖前的准备工作上。根据我们的
多位被采访者介绍，他们可能只需要拍三四张照片就可以在
Snapchat 创建并发送快照。但在 Instagram 上，为了发一张照
片他们往往能拍摄多达四五十张照片，用各种照片编辑工具修图，
然后在 Instagram 上发布。Instagram 也是催生"网红"现象的

平台。据悉，一些名人在 Instagram 上发布一篇帖子可以获得巨额收入（据称凯莉·詹娜[一]每篇帖子的收入高达 100 万美元），这种现象提高了 Z 世代在该平台上发帖的标准。即使是拥有极少粉丝的"纳米网红"[二]，也可以通过发帖来赚钱，收礼物或获得访问量（例如直播活动）。

这些网红现在是知名品牌和新兴品牌的营销渠道，在塑造 Z 世代对品牌、产品、服务和购买意图的偏好方面发挥着重要作用。网红是新型的名人代言。与电视、广告和其他单向广告渠道中出现的传统代言不同，粉丝可以在帖子下直接回应网红，有时还能收到网红或其团队的回复，然后与其他粉丝在帖子下互相回复。这创造了一个循环，在这个循环中，评论和对他人评论的回应会呈现在更多人的订阅中，因此更多人能看到，这便会带来更高的参与度。传统广告不可能做到这一点，但这是 Instagram 的常态。这就是为什么品牌倾向于知名度高的网红。这些网红可以提高品牌的知名度和活跃度，但更重要的是，发帖后很长时间内，他们可以直接参与销售并与消费者进行持续对话。

　⊖　凯莉·詹娜，美国"网红家族"——卡戴珊家族的小妹，她在 Instagram 上拥有 1 亿多粉丝。——译者注

　⊜　"纳米网红"，通常指粉丝量不到万余人、影响力较低的社交媒体角色，他们通常在本地工作或在一个非常特定的领域工作。虽然他们的关注者少，但这也意味着他们更专注于当地市场，如美食探街、服装店试衣达人等。——译者注

脸书

> 你知道，脸书是给老年人的，比如千禧一代。
>
> ——Z 世代
>
> 我有脸书全是因为我的父母，他们会在上面发照片。我的奶奶刚去了欧洲，她说："给我的帖子点赞！"所以出于礼貌，我不得不去给她点赞。
>
> ——Z 世代

脸书在 Z 世代的心目中是什么位置？这是一个热议的话题。作为一名千禧一代，我（贾森）记得自己第一次听到一位 Z 世代成员描述脸书时的情形："在我的成长过程中，脸书陪伴着我，我可以通过它联系他人并分享信息、照片、视频、故事和生活中的事件。现在它似乎依旧是我们分享孩子的照片、学校聚会和日常生活的主流平台。但是对于 Z 世代来说，脸书是'老的，你知道，像你一样老'。哎。"

虽然脸书在 Z 世代使用的社交媒体列表中拥有一席之地，但与推特一样，我们发现，在 Z 世代看来，脸书在重要性、信任度和影响力方面不如其他社交媒体。此外，脸书是 Z 世代的父母和祖父母经常出没的地方，这就让它更显得过时了。更糟糕的是，Z世代经常告诉我们，他们的父母和祖父母在帖子下面发表评论，似乎他们聊的事情很私密，但其实每个人都可以看到。事实上，我们2019年的全美研究显示，41%的Z世代不用脸书，因为他们的父母或年长的亲戚在用。随着脸书不断发展并完善产品和使用体验，这种情况可能会改变，但Z世代突然离开他们喜欢的社交平台，转而使用老一辈人喜欢的社交平台，这种可能性极低。脸书收购Instagram就是为了解决这个问题。我们将拭目以待，看看脸书还会推出什么来吸引Z世代，他们已经步入成年，拥有比前几代人更多的社交媒体选择（如果前几代有的选的话）。

在与Z世代的讨论中，我们发现Z世代喜欢在脸书上追踪当地事件，并创造他们自己的群体活动。几个已经上大学的Z世代为他们的俱乐部创建了一个脸书主页，这样他们的社团伙伴就可以随时看到活动通知。

Z世代的一名成员分享道："我认为脸书在大学里更常见。在高中，我从来没有使用过脸书，进入大学之后，我就是通过脸书加入社团的。Spirit社团有一个脸书招聘页面，内容多达21页。我就是这样找到舍友的。"

推特

Z世代中年龄较大的成员依靠推特来了解突发新闻。Z世代（尤其是热衷于政治或对社会事业充满热情的成员）会把推特当作他们的新闻来源和信息中心，并参与特定的主题。这让他们绕过传统的新闻媒体，因为他们将推特视为实时信息源，发布消息的人就在现场，至少他们是这样认为的。

以下是一位 Z 世代圆桌会议参与者对推特上的新闻的看法："这就是我喜欢推特的地方。无论在世界的哪个地方，人们都可以直播或者发布视频，这些内容甚至在新闻报道出来之前就被人知晓。它流传得太快了。所以，我觉得这很好，因为人们可以比传统媒体更早知道这件事。"

Z 世代认为，他们通过推特接收到的信息更加真实，没有经过大型媒体集团或广告商渲染和诱导。但这并不意味着 Z 世代认为推特上的所有信息都是正确的。他们明白，某些消息的来源可能是错误的，或是有意挑起事端。

但总的来说，他们仍然认为推特能够触及新闻的直接来源，相比"加滤镜"的传统新闻来源，更接近事实的真相。视频尤其如此。随着诸如深度伪造（deepfake）之类的技术（这种技术可以模仿一些人，例如政客，发表某种言论，看起来很可信，但其实全是假的）渗透到流行内容中，视频可能会让未来更有趣。领导者可以迅速地搜索一下深度伪造视频的实例，以供知晓和了解，因为随着 Z 世代年龄的增长，这一问题将是对他们当下的挑战。

Z 世代还知道推特是一个激进主义的平台，因为这代人已经利用这个平台让品牌和企业改变政策，扩大社会事业的地位。他们加入千禧一代和 X 世代，将"女性大游行"（#WomensMarch）"我也是"（#MeToo）"黑人的命也是命"（#BlackLivesMatter）和"真爱胜利"（#LoveWins）等话题标签转化为大规模的社会和政治运动。作为一名领导者，如果你想知道 Z 世代的预期，你所要做的就是在推特上询问或查看，并选择流行的标签，这样你就能看到他们的回答，如果他们群情激昂，你就可以期待一大波回复和评论了。

即时消息、文本、视频消息和直播

在沟通方面，Z世代和其他世代最大的区别之一是，他们总是能够收发即时消息，而且几乎全部通过手机。这改变了他们的交流标准和偏好。Z世代通常不会选择用手机打电话或者发邮件，而是用手机发送即时消息（如iMessage、WhatsApp和脸书信息）、短信、视频消息，现在还有流行的直播（稍后将详细介绍）。

Z世代正把这种对即时、个性化沟通的高度期望带入他们所做的一切，从团队合作到购物、客服、购车、旅行等。经理、高管、营销人员和销售人员以及父母如果要与这一代人联系并影响他们，就必须适应这种新的沟通现实。Z世代已经成年，在住酒店时他们如果有问题，不用打电话，甚至不需要去前台。他们会给酒店发短信，让酒店回答他们的问题，或者提供客房服务！（前提是，他们如果住酒店的话。他们更有可能使用爱彼迎找住处，房东也在平台上或用WhatsApp发消息。）

数字信息和点对点即时通信领域的领导者包括WhatsApp，这种应用程序非常受欢迎，尤其是在美国以外（顺便说一句，该应用程序归脸书所有），Facebook Messenger、微信和类似于Houseparty这样的直播软件，它们可以支持群组视频聊天。

Houseparty 最能反映出，对于 Z 世代来说，什么是常态，以及什么将影响他们对职场沟通的预期。该应用程序允许最多 8 名 Z 世代成员通过视频同时出现在一个手机屏幕上。这就像一个家庭聚会，人们互相聊天，每个人都能看到其他人。无论该应用程序能否长期成功，视频聊天的概念都将被视为 Z 世代的标准沟通方式。消息传递已经通过 Slack[○]和 Microsoft Teams 等平台，从社交媒体和各种信使平台跨越到职场。随着 Z 世代进入传统工作场所，我们预计数字协作空间的重要性将继续增加。他们不仅想在一个更像社交媒体的平台（如 Slack）上即时发送和接收消息，还想通过视频聊天等应用程序实时看到在世界各地与他们一起工作的团队或项目中的合作方。

手机无处不在

随着 Z 世代中一部分人步入成年，这代人对手机的依赖只会更强。尽管各种年龄段的青少年和成年人都在通过手中的小屏幕和陌生人一起约车、找工作、订餐（送餐的也是陌生人），但早在 Z 世代的小学时代，手机就已经深深地融入了他们的生活。他们从学习到放松，一切都是通过手机进行的。

吉吉今年 13 岁，上八年级。她的受教育模式可能与你的大为不同。她在谷歌支持的虚拟教室里学习并提交作业。虽然

○　Slack，是由 Slack 技术所开发的一款基于云端运算的即时通信软件。——译者注

她书包里也有铅笔，但她学习的主要工具是苹果手机、互联网、YouTube和谷歌教室。事实上，她经常通过Snapchat收到老师让她提交作业的提醒。

　　没错，她仍然需要去现实中的中学上学，听着铃声，在不同的课堂间穿梭，但她在学习和沟通方面的数字体验反映出了大规模教育变革的开始，这场变革由新技术工具推动，如谷歌课堂（包括谷歌文档、谷歌幻灯片和在线学生社区）。学校也在使用其他在线教室管理系统，但谷歌课堂通常被视为改变教学体验的先行者。

　　吉吉解释说，"谷歌课堂是一个在线网站，它与亚利桑那州的校区相连，并列出了所有的课程，你点击它们，它们会告诉你，'哦，你的家庭作业是……'如果你必须写下或者输入一些东西，你可以使用谷歌文档，然后在那里提交。我通常用手机查看提交作业。"

　　当吉吉开始学习代数时，她可能会在翻转课堂中学习，也就是说，所有的代数课都在家中、公共汽车上或者她所在的任何地方教授，她可以通过手机观看课程视频。视频中的老师会把每道题讲解清楚，然后会出现一系列同类型的题目，她可以在手机上输入答案并提交。当她去学校上课时，她现实中的代数老师会集中解决她不会做的题目，但大部分教学和练习都在校外和线上完成了。

　　她的学校里配备了一些有权限的无线网络（例如屏蔽社交媒体），但是她并不使用学校的无线网络。她为那些没有手机流量套餐而不得不使用学校网络的同学们感到遗憾，"用学校的网络不好的一点是网速太慢了"。

　　除了老师制作的视频外，吉吉的许多正式和非正式的学习都是通过 YouTube 完成的。"我是 YouTube 的忠实粉丝。"她说自己周末时每天看 50 部乃至更多的视频，具体取决于父母对她使用手机的限制程度。她说，她对自己放松时观看的视频"非常挑剔"。什么是她最喜欢的话题？游戏理论和电影理论的视频是她的最爱。

　　"我看的基本上都是些对游戏和电影有着深入分析的博主所发的视频。这些视频很棒，内容恰如其名，例如'游戏制作和游戏结局的研究''电影制作和电影结局的研究'。"

　　一些岁数比较大的人认为手机和新技术工具对孩子们有害，对此吉吉持批评态度。她理解这些年长的人的担忧。"他们总说我们一直用手机，但他们没有意识到，我们当中的一些人实际上是在用手机收集现实生活中的实用信息，因为学校并不会教这些，但我们在现实生活中需要用到这些信息，我们需要知道现实中人们真正会做什么。虽然有时候我们只是坐在那里放空。"

　　对于 Z 世代对移动设备的偏爱，有远见的领导者会持开放态度，而不是批评它们。布莱克·加勒特（Blake Garrett）是 Aceable[⊖]的创始人兼首席执行官，该公司是一个提供驾驶培训课程的在线平台和移动应用程序。在提出创立 Aceable 的想法时，加勒特向大家分享了他关于将移动设备作为学习工具进而帮助人们改变生活的想法。

　　⊖　Aceable，美国教育科技初创公司，提供从报名到结课的全程驾驶培训服务，包括免费邮寄结业证书。——译者注

他说："我问了自己一个问题，'谁希望在手机上学习？'"这让他想到青少年。顺着这个思路他深挖下去："有什么是青少年需要但没有包含在基础教育中的，且目前没有以一种有趣的方式开展的教育？"

答案是：驾驶员培训。

"我们的想法是为青少年提供一种引人入胜的移动体验，让他们无论身在何处，都可以在他们喜欢的设备上进行内容消费，并与他们建立联系。然后，随着他们经历不同的教育周期，我们可以在其他领域继续帮助他们。"加勒特解释道。

加勒特和他的团队花了大量时间开发和更新 Aceable，并始终以青少年为核心。他们雇用高中生和大学实习生，以使 Aceable 的教学方法更适用于青少年，正如加勒特所说，"他们比我这个 35 岁的人更懂青少年的诉求"。

Aceable 的每一个细节都经过了青少年的测试，从教授这门课程的机器人艾斯（Ace）到让每一课都充满乐趣和竞争力的应用程序内游戏化的细节。

加勒特分享说，自 2013 年推出 Aceable 以来，Z 世代学习新技能的决心以及他们学习新知识的方式给他留下了深刻的印象。他观察到，Aceable 超过一半的 Z 世代客户使用自己名下的支付账号购买课程；同样比例的青少年通过客户支持来解决问题，而不是让他们的父母来帮忙。

在与这些客户互动的过程中，令他最难忘的是与一个名叫汉娜的青少年的互动。加勒特回忆道："她写信给客户支持部门，要求退款，因为她用来上这门课的 iPad 坏了，她没钱买新的。"

"那是 2014 年，当时我们每天大约只有 5 个新客户，所以我们当时也不太愿意退这 100 美元。"

"我给汉娜写了回信，并提出借给她一台 iPad 使用。我们办公室里有一个用得很少的 iPad，她可以试试看。当时我们只有 7 名员工（现在我们有 225 人），大家围着一张桌子办公。我们还就汉娜上完课后会不会把 iPad 送回来进行了投票，大家分成了两派。那些认为她会还回来的在'生之队'，而认为她不会还回来的在'死亡队'。"

结果呢？

"汉娜亲手回了一封信给我，感谢我们对她这样一个青少年的信任，她非常珍视。她告诉我们她还给这个 iPad 起了个名字，叫'小蓝'（因为它有一个蓝色的外壳），并且她会一直很感激自己在 Aceable 获得的体验。这个 iPad 至今还放在我们的办公室里。"

这是一个完美的融合，让 Z 世代把他们喜欢的平台当作学习工具，并且相信这代人将会保持这种方式。

"教育"对 Z 世代来说意味着什么，这还有待商榷。由于他们可以获取全世界的知识，或者至少是谷歌、YouTube 可以搜到的知识，学习变得越发自主。但对 Z 世代来说，可以肯定的一点是：学习已经与手机高度融合。坦率地说，其他所有事情也都是如此。

随着 Z 世代中年轻一代的成长，毫无疑问，他们希望所有的交流都能通过这些小屏幕进行。原因很简单，他们不会知道还有其他的生活方式。

第 5 章

金钱、储蓄和消费

> 手机里绑定信用卡再正常不过了，因为我觉得钱包已经过时了。
>
> ——Z 世代

当著名时装设计师泰勒·兰伯特（Tyler Lambert）19 岁时，凯莉·詹娜和索菲亚·里奇（Sofia Richie）就已经穿着他设计的衣服了。泰勒在威斯康星州的德佩尔小镇长大，但这并没有妨碍他进入时尚界。他养成了在旧货店买衣服，然后重新设计这些旧衣服的习惯。

泰勒的时尚天赋是受到祖母和母亲的启发——祖母经常带他去有旧物变卖的房子那里买东西，母亲则热衷于女红。泰勒的美术老师和另一位当地艺术家为他提供了艺术史的指导。他在家里开的餐馆打工挣钱买材料。当他没有课或者没有工作时，他就会坐在缝纫机前，改造窗帘、蕾丝桌布、牛仔布、法兰绒和其他在旧货店淘来的布料，来设计时装。然后他利用社交媒体，让自己的作品得到广泛关注。

当泰勒从德佩尔高中毕业时，他已经拥有一家可以盈利的服装公司了。

泰勒离开家乡后，在芝加哥艺术学院（Art Institute of Chicago）学习过一段时间，然后辍学专注于经营自己的公司。他现在定居洛杉矶，专为名人设计服装，并担任自己的时尚品牌 LAMBERT 的创意总监。

泰勒的故事听起来像是 Z 世代中的另类，在某种程度上，确实是。大多数青少年不会去转卖的房子里淘旧物，也不会创办时装公司。但是，使泰勒成功的潜质在他这一代人中普遍存在。许多 Z 世代都很节俭，他们希望财务独立。他们重视非常规学习的机会，而不是追求昂贵学校的光鲜——这让他们的父母非常意外，父母们可能还是更喜欢名牌学校。

即使那些和泰勒的生活截然不同的 Z 世代，也分享了许多在金钱方面的价值观。16 岁的亚历山大和我们分享道：

"在我看来，赚钱真的很重要，这样我才能为未来存钱。我在学习金融方面投入了大量精力。我想有钱，这样我将来就可以做更多的事情，而不会受束缚。如今，我把自己挣的钱的 80% 存起来，20% 用于投资。"

"我 14 岁时就开始试着赚钱。我为别人打工，我会耙树叶或修剪灌木，我还曾经为了挣钱去教小孩子下国际象棋。"

15 岁那年，亚历山大骑自行车到当地的养老院询问是否可以当志愿者，养老院同意并允许他每周参加两次志愿活动。在 16 岁时，亚历山大被聘为养老院的兼职员工，为养老院提供餐饮服务。

当被问及为什么要在养老院工作时，亚历山大说："总的来说就是我和老年人之间有深厚的感情，我真的觉得他们需要有人陪他们聊天。我喜欢和他们聊天。他们有很多经验和故事，因此向他们学习我觉得很酷。"

"我在那里做志愿者时，我曾经和斯托恩女士一起玩过一个名为'拉密牌'（Rummikub）的游戏。当时她 93 岁，家人把她送到养老院。她已经在那里待了 6 年了，没有人可以聊天。所以，当我去做志愿者的时候，她总是等着我，我们玩几个小时拉密牌，然后聊会儿天。"

"当我开始在那里工作时，我总是去找她，为她服务，在为她送饭的时候花点时间与她聊一会儿。我们一直都有聊天。"

亚历山大感激斯托恩女士教给他很多有关生活和金钱的知识。

"她告诉我要享受当下，不要想太远，要活在当下，因为时间过得太快了。这就是我对待金钱的态度，它来得快去得也快，你能在转瞬间失去它或得到它。我们很难只去享受当下而不去思考未来。我已经在为未来存钱了。"

亚历山大在十年级时，已经从在养老院赚来的钱中省下了5000 美元。他最喜欢的品牌是苹果，因为"它很耐用，这点我很喜欢，"他接着说，"我觉得它将产品的质量打造得相当可靠，而且使用简单，运行流畅。"

由于亚历山大还太年轻，无法拥有自己的投资账户，因此他通过应用程序将钱投资到父母为他开设的账户中，并以他们的名字进行交易。

泰勒和亚历山大的生活截然不同，但他们都是 Z 世代中能够掌控自己未来财务的典型代表。我们的 2019 年全美研究显示，年龄在 18 岁以上的 Z 世代中，有 70% 的人至少可以支付自己的部分账单，其中 23% 的人完全可以养活自己，21% 的人自己支付了大部分账单。Z 世代中的一些人希望避免出现他们的 X 世代和千禧一代父母曾经面对的财务挑战。目睹过父母在大衰退中失业的窘境，经历过偿还学生贷款的黑暗现实，Z 世代渴望着能自己开创一个不同的财务未来。

好的一面是，受益于移动技术，在他们所成长的时代，赚钱、储蓄、投资和消费比以往任何时候都更容易。Z 世代账务生活的方方面面都通过应用程序来完成，无论是办理银行业务还是购物——或者像泰勒一样，用社交媒体为自己的企业建立品牌知名度。

　　Z 世代对金钱、储蓄和消费有很强的见解。对于想要向他们推销产品或者想要招聘他们做员工的人来说，提前了解他们在财务方面的价值观和预期至关重要。

Z 世代的金钱来源

> 　　虽然我爸妈也会给我零用钱，但我并不觉得开心。我不想张口就是"哦，我需要钱"，我宁愿忙一些，有一份工作可以养活自己，也不愿让他们来养我。我家人对财务和各个方面都持开放态度，这也是我学会存钱的原因，他们会和我们聊包括财务在内的所有事情。花父母的钱我觉得很糟糕，我宁愿有一份自己的事业。是的，用这份事业所得来承担我所有的生活开销。
>
> ——Z 世代

　　Z 世代的钱究竟是从哪里来的？他们当中年龄最大的才二十出头，他们的钱是工作挣的、父母给的，还是自己创业获得的？这些问题是研究 Z 世代赚钱途径的关键所在。金钱是通过工作、努力或成就获得的，还是仅来自家庭成员或其他人的赠予？

　　我们在全美范围内开展的对 14~22 岁的 Z 世代的研究中，我们探讨了这个问题，答案令人惊讶（见图 5-1）。

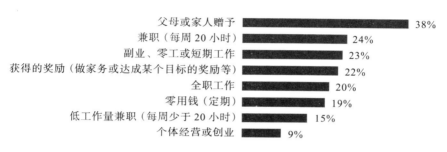

父母或家人赠予　　　　　　　　　　　　　　　　38%
兼职（每周 20 小时）　　　　　　　　　24%
副业、零工或短期工作　　　　　　　　23%
获得的奖励（做家务或达成某个目标的奖励等）　22%
全职工作　　　　　　　　　　20%
零用钱（定期）　　　　　　　19%
低工作量兼职（每周少于 20 小时）　15%
个体经营或创业　　　9%

图 5-1　Z 世代当前获得收入的方式

　　当然，随着 Z 世代年龄的不断增长，他们中越来越多的人应该可以通过工作赚钱。然而，我们现在最感兴趣的是年龄小的那部分 Z 世代如何赚钱。探究他们当中有多少人是通过某种形式赚钱，而不是理所当然地接受家人的接济，这是非常令人感兴趣的事情。这对这一代人来说是个好兆头，因为他们进入了职场，必须变得越来越自力更生。

　　渴望自食其力在 Z 世代中很普遍，但有时他们与生俱来的沟通方式会占据上风，还不时需要父母的提点。我们的一位朋友和我们分享了他 13 岁的儿子威尔是如何通过在社区张贴传单来创办草坪服务公司的。在联系方式一栏，他附上了自己的电子邮件地址。一个月过去了，一个联系他的人都没有。他爸爸问他有没有登录电子邮件查看消息，威尔说没有。他几乎不用电子邮件，所以他没有想到要查看邮箱。当他去查看电子邮件时，发现收件箱里堆满了咨询邮件，然而已经过去一个月了！

看着 Z 世代随着年龄的增长变得具有企业家精神是很有趣的一件事。已经有一小部分青少年以 YouTube 明星的身份获取收入，尽管没有传言中说的那么多。德国奥芬堡应用技术大学（University of Applied Sciences in Offenburg）的研究指出，前 3% 的 YouTube 频道获得了 85% 的浏览量，这使得普通创作者很难靠其赚取可观的收入。我们的研究数据不断表明，在目睹了千禧一代和 X 世代父母经历过的经济拮据后，Z 世代希望有稳定的工作，财务独立，避免负债。对于他们将如何实现这一目标的预测性研究显示，大致有两种倾向。根据在线学校中心（Online Schools Center）的数据，41% 的初中和高中毕业生表示他们计划自己创业。诚然，这是一个令人印象深刻的数字，但这也表明 Z 世代一半以上的人计划从事传统工作。无论他们选择哪条道路，Z 世代都将找到一条能够实现稳定收入的道路——这是他们最大的目标之一。

谁需要钱包

"你能用 Venmo 转我 5 美元吗？"

我还记得对话中另外一个人的表情。Venmo 是个什么东西？

Venmo 和它的竞争对手 Cash App，是 Z 世代的货币工具。

如果你不熟悉 Venmo 和 Cash App，你可能没有 Z 世代的孩子或子孙，或者不需要与 Z 世代进行转账。Venmo 和 Cash App 是移动支付工具，你可以从你的账户中向他人即时转账，并且没有手续费。即便是极小的金额，哪怕是 1 美元，也可以瞬间到账。转钱的同时，你可以发送短消息（也可以是一个表情）来说明你转账的缘由，也可以随便写些什么自娱一下或者逗逗对方。

Venmo 到底有多受欢迎呢？仅 2019 年一个季度，Venmo 的转账总额就超 240 亿美元。这得是多少遗忘在短裤里被洗得皱巴巴的 1 美元纸币[⊖]（crinkled-up one-dollar bills）啊！事实上，Venmo 用户已超 4000 万。

Venmo 在推动 Z 世代无现金消费习惯方面可谓是先驱。这一代人从来没有经历过用信用卡分期还款的痛苦。相反，聚餐时他们可以通过 Venmo 和朋友们分摊账单。一些像墨西哥风味快餐馆 Chipotle 这样的餐馆和像 Grubhub[⊜]这样的应用程序甚至提供了直接用 Venmo 付款的选项，很快越来越多的零售商会推出类似的服务。

Venmo 的迅速崛起和广泛使用、一系列点对点支付服务（例如传统银行大力推广的 Zelle[⊜]），以及快速增长的现金应用程序，让 Z 世代无现金出行变得很正常。这不仅适用于美国，也适用于各种高度本地化且在全球范围非常受欢迎的支付应用程序。

在代际动力学中心，我们通过对一家主要金融客户的研究发

⊖　在没有信用卡和移动支付的年代，许多美国人会把钱塞进短裤口袋里，洗涤时忘记掏出，洗完烘干后纸币会变得皱巴巴。这是美国人生活中经常发生的事情，作者在这里希望营造一种心照不宣的幽默感。——译者注

⊜　Grubhub，美国的外卖网站。——译者注

⊜　Zelle，是一个联合了 30 多家美国银行的点对点支付工具，不同银行的用户可以通过 Zelle 实时进行银行间的转账，类似于 PayPal 和 Venmo，用户只需要另外一个 Zelle 用户的电子邮箱即可转账。——译者注

现，相比老一辈人，Z 世代更不愿意携带现金。Z 世代是第一代看着现金变得可有可无而步入成年的人。应用程序中的支付功能在向无现金化转变中发挥了巨大作用。星巴克应用程序中的付款功能让你在订购星冰乐时更为便利，你可以手机下单，到店后直接跳过排长队，因为当你到达柜台时饮料已经准备好，供你享用。

移动支付的兴起，如苹果支付、PayPal、脸书支付和无数其他的支付方式，也意味着 Z 世代将不再那么依赖现金，当然还有支票簿（Z 世代的一些人永远都不会用到）。我们 2019 年的全美研究显示，59% 的 Z 世代每周至少使用一次转账应用程序，而在 18～23 岁年龄组的 Z 世代成员中，这一数字跃升至 69%。

所有这些让 Z 世代对金钱有了一种有趣的认知，似乎金钱是"屏幕上的数字"，而不是"钱包里的现金"。Z 世代不携带现金这种习惯已经影响到各种服务，例如 Z 世代无法给停车员和行李搬运工小费，在餐馆就餐后也无法给服务员小费，因为没有多少人会用现金支付餐费或小费。事实上，一些餐馆要求必须用现金支付，这样他们就可以在餐后给服务员小费了。

Z 世代的数字消费习惯也为新技术平台提供了机会，以更好地满足他们的需求。Kard 的首席执行官兼联合创始人斯科特·戈登（Scott Gordon）发现一个商机，他了解到欧洲 Z 世代 70% 的支付是通过数字渠道进行的，但只有 10% 的交易是使用购物者名下的支付账号完成的。因此，他创建了一家名为 Kard 的挑战者银行，该银行允许年满 12 岁的法国消费者开设一个账户，可以用它在全球范围内购物。18 岁以下的客户可以申请一个批准链接发给他们的父母，然后资金就可以从父母的银行卡或信用卡上划到他们的账户上。

戈登与我们分享道："这种方式能够让 Z 世代掌控他们的金钱，进而让他们掌控自己的生活。"在 Kard 中，有两个方面的设计是专门为 Z 世代打造的。首先，戈登和他的团队知道 Z 世代对低效的数字平台有多不耐烦，因此在 Kard 上创建一个账户只需要 2 分钟（除去父母点击批准链接所需的时间）。同时，Kard 的设计也兼顾了 Z 世代在社交媒体上分享的热情：Z 世代购物后，他们可以选择将该商品分享到网上，也可以不分享。

与此同时，拉里·塔利（Larry Talley）和他的团队为 Z 世代提供了一种新的付款方式：发短信，这是 Z 世代最喜欢的交流方式，借此来帮助公司与 Z 世代互动。他的公司 Everyware 与信用卡公司和其他支付公司合作，可以在客户购物或需要付款时嵌入按文本付款的选项。它们甚至可以通过发短信来解决客户服务问题。

塔利看到 Z 世代现有付款方式和他们理想中的方式有差距，于是他创办了 Everyware。塔利告诉我们："我们发现，Z 世代不是不想支付账单。对于他们来说，登录网站、邮寄支票或拨打 1-800 号码非常不方便。他们从不查看传统邮件中的账单，也从不查看明细。这一代人追求一切都超快，因此这种方式能给他们带来便利，并且可以通过手机与他们随时保持联系。"

Everyware 最大的推广活动是与教堂和非营利组织一起开展的。塔利说："Z 世代不会在口袋里装现金，但是如果他们在教堂里，牧师让他们向某个号码发一条'捐款'的短信，那么他们更有可能捐款。"

虽然无现金趋势的好处似乎大于坏处，但就像所有由技术驱动的变化一样，它也会有挑战和意想不到的副作用，相应地，每天也都会出现新的解决方案。然而，Z世代只期望能永远无须打开钱包，甚至没有钱包也可以实现转账，并且能够用手机或智能手表刷卡支付，或者通过点击他们最喜欢的订购应用程序，或者使用苹果支付来支付费用。

大学与债务

> 我只是不想像千禧一代那样负债累累。
>
> ——Z世代焦点小组成员

那么Z世代对金钱的总体看法是什么样的呢？

在美国，席卷全美的几起金融事件对Z世代产生了深远的影响：大衰退、学生贷款债务和工资停滞。

Z世代中的许多人看到他们的父母或父母的朋友和邻居在大衰退期间艰苦营生。这一代人在新闻头条中看到了失业和失去房屋的人们，当然也近距离目睹了父母和许多成年人对未来失去信心。他们听说了关于找工作的挑战，看到了对"基本生活工资"和15美元最低薪酬的抗议。同时，Z世代不断谈论学生贷款对千禧一代的压榨，这一千禧一代可能永远无法克服的金融困境，一遍又一遍地上演。

　　Z 世代在青少年时期就已经经历了与金钱相关的挑战和事件。结果是，这一代人对金钱、债务、工作及未来的看法与前一代大不相同。

　　这不仅仅限于美国，从希腊到日本，经常会有新一代年轻人表示，他们可能无法取得他们的父母或祖父母那样的成功。相同的情况也出现在拉丁美洲国家。此外，许多国家（不仅仅是美国）都感受到了全球经济衰退影响了 Z 世代，也塑造了他们对金钱、工作、退休等的看法。这种影响无处不在，从对英国脱欧的评论中就能感受得到。

　　现在，Z 世代最年长的成员已经有了可以用来跟踪和分析的工作、储蓄和支出，几种趋势开始显现。除了跟踪数据之外，我们的研究团队还领导了许多研究，尤其是专门深入研究了 Z 世代对金钱、债务、支出等的看法。调查结果令人吃惊，它显示出 Z 世代截然不同的生活轨迹和心态，这些都是领导者需要了解的。

Z 世代的大学时代

　　　　"你是如何选择要去哪所大学的？"

　　　　"这很容易。我的理想学校就是愿意接受我且给我全额奖学金的那所。"

　　　　"所以你拒绝了另外四所更有名的学校？"

　　　　"是的。大学毕业不负债比名校毕业却负债累累更重要。"

　　　　　　　　　　　　　　　　——Z 世代

> 我宁愿去费用低一点的学校。如果我有两个选择，一个是好一些的学校，但费用更高，那我宁愿去另一所不太好的学校，这样不仅可以在班上名列前茅，还可以少交一些学费。我知道，如果我去了一所更好的学校，平均绩点排名我大概率会是中等水平。所以我宁愿贷款少一些，在班上名列前茅，也不愿贷款多一些，平均绩点排名较低。
>
> ——Z 世代

　　说到大学，我们的研究一直表明 Z 世代确实想上大学。事实上，我们 2018 年的全美研究发现，86% 的 Z 世代高中生（13～17 岁）计划上大学。然而，他们非常担心为了获得学位而背负学生贷款债务。不仅他们如此，他们的父母也经常有同感。如今，超过 50% 的私立学院和大学不得不降低学费。2019 年，89% 的新生从他们的私立大学获得了资助，覆盖了他们近 60% 的学费。

　　这种"如果我要上大学，我想尽可能在毕业时少负债"的心态在 Z 世代成员中似乎越来越普遍。不只是那些来自普通家庭的成员，即使是来自富裕的家庭，Z 世代成员也为大学费用的飙升和他们教育的投资回报表示担忧。正如我们前面提到的，在高中年龄段的 Z 世代（13～17 岁）中，我们的全美研究显示，一半的 Z 世代只愿意承担 1 万美元或更少的学生贷款债务，27% 的人根本不愿意承担任何债务。几十年来，Z 世代和他们的父母都目睹了大学费用的急剧增加以及给年轻人带来的负担。Z 世代很清楚这种情况，在许多情况下，他们试图在学费开销这件事上尽可能实际些，这样他们就能顺利上大学以及拿到想要的学位。

长远来看，这意味着什么？大学毕业时债务少，Z 世代能更方便地搬到另一个城市去找工作或谋求职业发展；随着年龄的增长，他们要为应对不时之需和养老而存钱，需要通过更好的财务决策和债务收入比记录来建立信用。如果 Z 世代继续这种更务实的债务思维，从长远看，大学学位和更少的金融困境对这一代人来说可能是个好兆头。与此同时，如果需要优先偿还大学债务，这为提供偿还学生贷项目的公司提供了理想的局面，这些公司可以将学生贷款偿还计划打造成富有价值和成效的工具来招聘和挽留人才。

在我们 2017 年对 Z 世代的研究中，我们问 Z 世代他们认为将来能从哪里获得支付大学费用的钱，以下是最热门的答案（请注意，他们可以选择多个答案）：

奖学金：54%。

在校期间打工：38%。

家庭或父母赞助：32%。

学生贷款：30%。

个人储蓄：24%。

绝大多数 Z 世代计划通过奖学金和在大学期间打工来支付学

费，其次是通过学生贷款和父母赞助。

消费者债务

我们听说过发生在 X 世代和千禧一代身上的恐怖故事：他们被信用卡宣传手册所吸引，盲目地申请信贷，然后花了又花，当他们意识到滞纳金和利息的时候，为时已晚。

Z 世代知道不应该这么做。毕竟，那些债务缠身的 X 世代和千禧一代是他们的父母。即便他们没有目睹消费者债务给他们的家庭带来的压力，他们也肯定听到了这些故事。他们不想重蹈覆辙。我们的研究表明，23% 的 Z 世代认为应该不惜一切代价避免债务，29% 的 Z 世代认为应该将债务保留在少数几个特定的项目上。与此同时，18% 的 Z 世代认为债务应该作为最后的手段。

但 Z 世代并不是完全拒绝使用信用卡。环联⊖ 的早期数据显示，2019 年，有 770 万符合信用条件的 Z 世代成员拥有信用卡。在我们对这一趋势得出结论之前，我们需要回顾更多年的使用情况，以便更好地理解他们是如何管理信贷的，尤其是在经济低迷时期。Z 世代符合信用条件的成员，在选择信用卡之前就能够立即比较利率和费用，他们会做何抉择？他们最终如何支付较大额度的开销？观察这些现象是很有趣的。在了解更多之前，我们有理由说 Z 世代中年龄较大的成员正在谨慎地对待信贷：在

⊖　环联（TransUnion），美国三大征信机构之一。——译者注

我们的《2019 年 Z 世代现状研究》中，年龄在 18～24 岁的 Z 世代中有 36% 的成员告诉我们，他们每个月都会担心自己的信用评分，这种焦虑甚至会更频繁。

消费者债务领域肯定会发生的一个重大变化是，在支付大额消费方面，Z 世代要求有更多的选择。同时，在获得个人信贷方面，Z 世代要求有更大的透明度。他们正在实现这两点。像 Sezzle⊖ 这样的公司允许客户将一笔购买分成四笔支付，不收取任何费用也没有利息。信用卡便利之处在于，没有费用的风险，可以在任何接受信用卡的地方购物。其他的渠道，如 Affirm，允许客户提前选择一个利率透明的付款计划。还是那句话，"先买后付"，并且清楚地知道你接下来需要做些什么。

金融科技——用于银行业务和其他金融服务的应用，也在教育方面帮助 Z 世代解决债务问题。SoFi 是一家为学生借贷人提供再融资的公司。它已经为超过 25 万名学生再融资了超过 180 亿美元的学生贷款。Vault 是一家让雇主出资偿还员工学生贷款债务的公司，这为想摆脱债务的 Z 世代提供一个强有力的招聘策略。

一方面，Z 世代可以获得广泛的个人贷款和再融资的选择；另一方面，他们正在努力避免债务。

加密货币和区块链

在一个关于 Z 世代和金钱的章节中，我们不得不讨论加密货

⊖　Sezzle，美国一个分期购物消费的支付平台。——译者注

币和区块链。随着比特币价值的指数级增长及其在 2018 年的暴跌，人们对比特币的认识急剧上升，但其替代货币的理念显然更加引起了 Z 世代的注意。然而，许多加密货币的投机并没有发生在 Z 世代身上。其实，Z 世代是因为太年轻，没有钱，无法进行投资，或者由于各种原因而不被允许投资（说到这儿，还得谢谢他们的妈妈）。最常参与投资加密货币的一代人是千禧一代，他们认为这是一种非常轻松的投资方式，因为加密货币总是会升值，或者至少下行风险比实际情况要小。作为加密货币泡沫的无辜的旁观者，Z 世代可能会以一种新的方式与金钱、投资和风险互动。他们可能会欣赏区块链技术作为传统金融工具的替代品的效用，但不会陷入前几代人的淘金热心态。

退休

> 没有社保福利的威胁吓坏了我。这让我不得不把更多的精力放在工作上，而不是像父母那样享受社保福利。
>
> ——Z 世代

令人惊讶的统计数据：12% 的 Z 世代已经在为退休储蓄了。

没错。在我们 2017 年的研究中，12% 年龄在 14～22 岁的 Z 世代已经在为退休储蓄了。由于他们还非常年轻，所以这个数字已然非常惊人。他们为什么要为退休储蓄？这与我们在本章前面讨论的主题相同：大衰退、父母的建议、千禧一代的债务，以及在意外情况下对财务安全的强烈需求。在美国，他们也知道他们可能没有社会保障，但他们希望退休后可以实现自给自足。尽管 Z 世代中的大多数人还没有开始为退休储蓄，但 69% 的人认为，一旦有能力存钱，存钱应该是他们的首要任务。

除了为退休储蓄之外，我们还看到，Z 世代在金融咨询、投资和退休领域发生翻天覆地的变化和创新的时候，正步入成年。Z 世代会记得身边有智能投资顾问，比如 Wealthfront 和 Betterment[⊖]，总是可以进入健康储蓄账户（HSAs），总是不得不为他们的退休计划自筹资金，因为养老金现在已经是过去式了。

特别是智能投资顾问，对这一代人来说可能是件好事，因为它们让 Z 世代可以用很少的钱开立账户。每次只需投很少的钱，但随着时间的推移，他们的投资会有肉眼可见的变化。智能投资顾问的用户体验是它通常更像一个消费应用程序，更便于使用、对用户更友好、更具视觉吸引力。这种体验的每一个特质，都与 Z 世代的偏好完美吻合，即他们喜欢把金钱视为屏幕上的数字，并渴望建立一个自动计划，使其"只在后台"实现。

Z 世代清楚地意识到，政府提供的退休后保障网，例如美国的社会保障，到他们退休之时可能就不存在了。

因此，如果将来 Z 世代确实想退休，将取决于他们能否在金钱上让自己老有所依。在退休这件事上，大约九分之一的 Z 世代

⊖　Wealthfront 和 Betterment, 两者均为美国知名的智能投顾平台。——译者注

正在采取行动，令人感到有趣的是，他们现在都还这么年轻。如果你在年轻的时候就开始为退休投资，尤其是在你还只有二十多岁的时候，极有可能达到退休目标。

Z 世代中超过三分之一（35%）的人期望在 20 岁时开始为退休储蓄。还有待观察的是，Z 世代是否真的已经开始为退休投资，而不只是将钱存入银行并认为自己正在投资。这是一种真正的风险，因为我们对千禧一代进行的一项最新研究发现，他们为退休储蓄的第一步是将钱存入银行，而这无法使他们获得足够的回报来负担自己退休后的生活。

现实情况是，Z 世代有这样的心态——在未来的几年能够限制当下的支出，并继续储蓄。如果他们能够从储蓄转向投资，特别是利用雇主提供的自主退休计划，他们将在建立经济基础方面领先一步，并能够负担得起他们想要的生活。

第二部分
ZCONOMY

世界上最有影响力的客户：Z 世代

第 6 章

Z 世代想要什么样的品牌

我是一个田径运动员和足球迷。所以，我关注耐克、阿迪达斯等知名运动品牌。我喜欢这些品牌是因为它们在社交媒体上的营销，它们发布的照片吸引了一大批粉丝——从 80 岁老人到我这样喜欢浏览 Instagram 的 16 岁少年。

——希恩，Z 世代

你是否看过那则由 NFL 旧金山 49 人队前四分卫、社会正义活动家科林·卡佩尼克（Colin Kaepernick）代言的耐克广告？这则广告广为流传又饱受争议：在一张卡佩尼克面部特写的黑白照片上写着白色的广告语："心怀信仰，即使它会让你牺牲一切。"

这则颇具争议的广告在社交媒体上引起了轩然大波，耐克的股价也应声下跌。人们烧掉自己的耐克运动鞋，剪下袜子上的耐克标志。然而，在公布第二季度业绩后的几周内，耐克的股价飙升了 9.2%。广告大幅提升了客户参与度，根据 Apex Marketing Group⊖的数据，它为耐克带来了价值 1.635 亿美元的媒体曝光率。

为什么耐克会引起如此大的争议？几天之内人们便找到了原因：Z 世代对这则广告的反应十分积极。

耐克是在迎合未来的客户，而非过去的客户。耐克认识到，在下定决心购买之前，Z 世代会重视多样性、包容性和社会事业参与度。在对 Z 世代和品牌信任度的研究中，我们看到了同样的情况。作为一个传统品牌，耐克的目标受众并不是已经对耐克理念深信不疑的前几代人，而是积极投身社会事业和行动主义的新一代买家。《广告时代》⊜表示："这是一个大胆的举动，因为在这个时代，营销人员通常在言语上夸夸其谈，表示要成为文化对话的一部分，在行动上却唯唯诺诺，拒绝表明立场。"

⊖　Apex Marketing Group，一家咨询公司，为市政业主及专注于分析和植入式市场细分的商业品牌提供定制赞助和品牌可行性分析。——译者注
⊜　《广告时代》（*Ad Age*），一家位于美国的提供新闻、分析、数据营销以及媒体信息的杂志。——译者注

耐克首先在社交媒体而非电视上发布了广告，因为它针对的是未来的客户，而不是现在或过去的客户。这一选择确实也奏效了，它成功地推动了 Z 世代的高度参与。

18 岁的诺兰分享道："我觉得人们真的很喜欢这个广告的影响力，这是你在过去的营销策略中不曾见过的。和我同世代的人非常喜欢这个广告，因为它的立场很坚定。抛开内容不说，这个广告的大胆之处也会为耐克加分不少。"

当市场研究公司 YPulse⊖对 Z 世代和千禧一代对该广告的反应进行民意调查时，耐克在四个顶级竞争对手中得分最高（经常高出 20% 或 30%），因为受访者认为这个品牌受到欢迎，支持社会事业，也经常被谈到，所以他们会购买耐克。

当耐克决定让卡佩尼克成为新运动广告的代言人时，它知道自己在做什么。它知道自己会失去一些忠诚的、有价值的、长期的客户。但更重要的是，它选择将自己定位为一个文化相关的品牌，愿意挑战极限，以证明自己站在 Z 世代这一边——这一代人是重要的客户，每天都在被新品牌轰炸。

布伦特·布朗奎斯特是专注于 Z 世代的社交平台 Odyssey 的总裁，他告诉我们，他们的研究表明，该平台受众中有 79% 的人认为他们应该利用自己的购买力来支持关心他们观点的品牌——那里有真正的意识形态联盟。

耐克明白 Z 世代拥有巨大的消费能力，他们的消费能力每年

⊖ YPulse，一家致力于研究 Z 世代和千禧一代并提供见解的公司，为全球最受欢迎品牌的年轻人营销提供动支持。——译者注

都在显著增长，因为 Z 世代已经进入职场，不再需要花费父母的钱，他们自己可以挣钱。耐克知道，如果它想未来几十年都从 Z 世代这儿赚钱，它需要做的不只是一家运动鞋公司，而是要成为围绕 Z 世代的文化对话的关键部分。

当下与消费

Z 世代是互联网新世代，在未来十年乃至更长的时间里，他们都将是时代的主力军。多元化、影响力广、注意力短暂是这一代人的特点。他们是极具影响力的一代，正迅速成为各大行业、品牌以及数字平台的时尚引领者。

由于网购、社交媒体和电子商务的兴起，Z 世代成年时，权力已从创造和销售产品或服务的人手中转移到消费者和带货网红手中。Z 世代可以轻而易举地在社交媒体上获客引流，扩大某个品牌的影响力，轻轻一点，几秒内便可轻松实现网购。

每年，Z 世代在线上和线下的消费额达数十亿美元。受之影响，产品和服务的定位也随着社会潮流而发生改变。Z 世代的消费习惯也影响着其他世代，引导他们购买酷炫、时尚、性价比高的产品或服务，尤其是服装和个人电子产品。作为服装、化妆品和音乐的消费主力军，年轻人成为广告商觊觎的对象，这不足为奇。然而，这种现象在 Z 世代身上达到了近乎狂热的程度，因为他们可以通过社交媒体来影响、辐射自己的朋友圈。我们在各领域都看到了这一点，比如像 Billie 这样的女性剃须刀品牌，正利用

UNiDAYS这样学生专属的参与平台，与Z世代大学生进行互动，使他们与品牌建立联系，并利用Z世代制作视频的影响力，推广女性悦纳自我的价值观。

随着Z世代步入25～29岁，这种发展势头将进一步增强。正因如此，Z世代在汽车、保险、房地产、科技和旅游等高消费行业已变得尤为重要。Z世代正处于一场巨大消费浪潮的初期，但他们从不知道，过去并没有一键购买服务或产品的方式。

Z世代消费者的迅速崛起和引领潮流的能力给品牌领导者和企业高管敲响了警钟。许多人很晚才意识到，千禧一代与之前的X世代相比，是不同的消费者、影响者、买家和忠实客户。传统的市场营销、广告和销售技巧在千禧一代中都反响平平。结果是，许多品牌的销量下降、股价下跌，甚至整体倒闭关门，因为它们从未适应将千禧一代培养成长期客户。品牌领导者吸取了这一教训，更加主动地了解和适应Z世代，但行动还不够快。

Z世代为提升新的客户认知度、新的品牌叙事质量、新的销售体验、品牌忠诚度、客户推荐力度等，提供了一个全新的开始。Z世代在交流、消费、购买、分享、退货、推荐、评价和反应的过程中创造了大量的消费者数据，这些数据被存储在支付交易、忠诚计划、社交媒体互动、网站访问以及一些平台上。以世代研究者的角度来分析这些数据，它们可以提供预测性线索，帮助营销人员、品牌和企业家赢得Z世代的忠诚。Z世代的行动和态度已明确告诉我们他们想要什么，我们要做的就是倾听。

作为客户的预期

那么，Z 世代在品牌知名度、首次试用、付费、推荐和忠诚度方面想要什么呢？

在与一些品牌的首席执行官、首席营销官、公司董事会和企业家等领导者的合作中，我们发现，最好是从 Z 世代作为客户的角度出发来看待世界。我们的研究一致指出了吸引 Z 世代购物者的三个关键特质：价值、个性化的内容和广告，以及社会责任感。

物有所值

正如前文所述，Z 世代在大衰退的余波中长大。不要被他们的年龄迷惑了，这一决定性时期让 Z 世代在财务上更为保守和务实。Z 世代希望他们的钱花得物超所值，不管是体现在价格上，还是实用性和耐用性上。比如，购买可以长期使用的产品；在亚马逊或实体店消费时使用超大折扣；在二手店以原价九五折的价格购买名牌服装。

事实上，Z 世代一再向我们的研究团队表示，他们喜欢在二手店购物。他们向我们分享用超大折扣买衣服是多么重要，在二手店淘宝是多么兴奋，相较于商场购物是多么轻松愉悦，又有多么多样性的选择。

Z 世代的一名成员分享说："我的朋友们经常淘旧货。有朋友喜欢玩角色扮演，所以喜欢去淘二手服装。两周前，我们整个周末都在逛二手店，准备来一次《神探夏洛克》角色扮演。我们经常穿这种衣服，有时还会穿着去学校。"

逛二手店似乎是X世代或千禧一代的典型爱好，但Z世代告诉我们，这并非一种趋势。仅在过去几年，较过去几代人，Z世代购买二手服装的数量出现了大幅上涨。2019年他们购买的二手物品比2017年增加了46%。相比之下，千禧一代在此期间的二手物品购买量增长了37%，而X世代和婴儿潮一代分别增长了18%和15%。所以，虽然大家都在购买二手服装，但Z世代是最积极的。

但是，二手物品不应该是针对因经济窘迫而无力购买当地商场或亚马逊所提供的商品的人吗？事实并非如此。让人惊讶的是，我们的研究发现，喜欢在二手店购物的Z世代大多都很富裕。他们会谈论衣服的价格是多么离谱，二手店又是多么物美价廉；他们会谈论所购买物品的价值。简言之，他们几乎一字不差地重复了Z世代中社会经济地位较低人群的话题：价值、价值、价值。

然而，Z世代对价值的追求并不意味着他会容忍劣质产品。他们宁愿选择制作精良的廉价衣服或攒钱买一双高端的鞋子，也不愿花很少的钱购买廉价的物品。Forever 21是一家面向青少年的快时尚服装零售商，2019年，全世界目睹了它的破产，因为它没能吸引Z世代。Z世代对Forever 21是什么态度？互联网上充斥着吐槽Forever 21的表情包和笑话，包括不合潮流的设计（如美国邮政署联名服装）、粗糙的品质和又窄又紧的露脐上衣。

当Z世代决定挥霍时，他们会选择与自己的价值观一致的品牌，比如耐克、阿迪达斯、Glossier[⊖]和 Aerie。

始终个性化

Z 世代成年时，体验的产品、服务、品牌广告和内容比历史上任何一代人都要多。这是由于这代人花了无数的时间在手机、平板电脑和更大的屏幕上，以及无处不在的广告和促销活动上。这些广告随处可见，从高中学校的墙壁到大学的自助餐厅，甚至出现在人们导航用的位智[⊜]上。

但想想看：大多数 Z 世代从未被周末报纸上的广告或发到他们邮箱的优惠券吸引过。我们的研究显示，13～17 岁的 Z 世代成员中，24% 的人甚至从未读过纸质报纸。相反，他们被高度定制的广告淹没了，这些广告是为他们量身定制的，它们出现在他们的朋友、家人照片之间，以及社交媒体讯息上。还记得几年前你第一次看到定向广告时的情形吗？在网站或社交媒体推荐中看到自己刚刚搜索过的东西，大多数人都觉得毛骨悚然——然后这些关于鞋子、旅行或搅拌器的广告不断出现在我们的网络环境中。如今，Z 世代喜欢高度个性化的广告和内容，这让他们对不具有针对性的普通广告极其反感。

玛丽·埃伦·杜根（Mary Ellen Dugan）是 WP Engine[⊜]

⊖ Glossier，一个在美国互联网迅速走红的美妆护肤品牌，凭借在护肤、美妆、身体护理和香水四大品类的原创产品而闻名。——译者注
⊜ 位智（Waze），一个基于 GPS 的导航移动软件应用程序。——译者注
⊜ WP Engine，一家 Wordpress 网站和应用托管网站，总部位于得克萨斯州的奥斯汀市。——译者注

的首席营销官，WP Engine 是为各种规模的品牌和代理商提供支持的 WordPress[⊖]数字体验平台。它定期进行思想领导力研究并分析客户数据，更好地解读人们喜欢如何与品牌打交道。WP Engine 与代际动力学中心合作进行的一项研究显示，44% 的 Z 世代成员表示，如果公司不知道他们想要什么，他们就不会点开公司的网页。杜根表示："这一代人已经从有所畏惧转变为无所畏惧。前几代人不敢在网上分享自己的个人信息，而 Z 世代对分享个人数据毫无畏惧，但相应地，他们对个性化体验的期望非常高，品牌商要对此有切实回应。"

品牌还需要注意确保定制广告出现在合适的背景下。丽莎·尤兹内德尔（Lisa UtZschneider）是 IAS 的首席执行官，该公司负责跟踪和分析数字广告，以确保能够与合适的受众群体建立联系。在加入 IAS 之前，尤兹内德尔曾在雅虎、亚马逊和微软担任领导职务，是帮助品牌避免 IAS 所说的"品牌风险"的专家。

尤兹内德尔解释道："如今的互联网比以往任何时候都更加庞大。"虽然这意味着有更好的机会接触更广泛的受众，但同时也存在众多的风险。比如，在旅游网站上给你的游轮打广告是个好主意——直到有人开始写旅游业给加勒比海地区造成了污染。广告是传播品牌的好方法，但是将公司和令人不悦的内容放在一块儿就会存在风险。

⊖　WordPress，一个以 PHP 和 MySQL 为平台的自由开源的博客软件和内容管理系统。——译者注

尤兹内德尔指出，由于 Z 世代成长于定向广告时代，不匹配的广告投放就会显得突兀。

Z 世代小时候便在 YouTube 上进行搜索，他们已经习惯经常看到最新款乐高或迪士尼公主服装的广告，或者根据搜索历史出现的竞品广告。Z 世代的成长环境里，营销广告铺天盖地，即使亚马逊也不再推荐不相关的产品。

此外，Z 世代已经习惯在购物时不断创建有关自己的数据。这包括他们过去所有的购物记录（如各品牌服装的尺寸），根据他们在星巴克应用程序上的上一次订购记录推荐的饮料，以及可免费退回、告知退订原因的订阅服务。结果就是：下个月，他们订阅箱里的商品将更加符合个人喜好，无论是 Stitch FiX [⊖]里的衣服、家里订的 BarkBoX [⊜]狗粮，还是 BirchboX [⊜]里的化妆品样品。

购买商品后不得不退货的风险也基本上消失了。如今，从服装到汽车经销商，各个公司都会送货上门。以 Carvana®为例：你可以试驾，如果不喜欢，可以自行把车退回去，或者要求他们免费来你的家门口取车。事实上，像 Casper 和 Tuft & Needle 这样的床垫公司，如果你不喜欢它们寄来的床垫，它们便会退款

⊖　Stitch FiX，美国的一家个人造型服务在线提供商。它根据算法和数据科学，以及客户所要求的尺寸、客户的预算，向客户推荐个性化服装。——译者注
⊜　BarkBoX，一项月度订阅服务，提供狗粮产品、服务和体验。——译者注
⊜　BirchboX，一家订阅式投递高档化妆品试用装的平台。用户每月花费 10 美元的订阅费，即可获得一盒化妆试用品。——译者注
㉓　Carvana，一家位于亚利桑那州坦佩市的在线二手车销售商。该公司以其庞大的汽车自动售货机而闻名。——译者注

给你，然后你只需证明自己将床垫捐赠给了慈善机构或非营利组织即可，被捐赠的机构会亲自来你家将床垫取走。

Z世代希望，从广告到结账，再到退货，整个客户体验都能完全按照他们的个人喜好定制。如果不是这样，他们便会走开。

赋予意义

Z世代认为，品牌不应当只追求利润，还应展示品牌对世界产生的积极影响。这种期望已经迅速朝着常态迈进。商业圆桌会议（Business Roundtable）是一个由美国近200位最有影响力的CEO组成的组织，2019年8月，该组织签订了一份承诺，旨在重新定义公司宗旨。他们承诺，公司不应只向股东负责，而应为所有利益相关者服务。利益相关者是指哪些人？这些CEO打算如何为他们服务？他们的承诺是：向客户提供价值，投资员工，公平和道德地与供应商交易，以及为公司所在的社区提供支持。承诺的最后才提到了股东的利益，而且是在考虑到长期发展的情形下。

对企业而言，这种新趋势来得正是时候，因为Z世代已经成年，他们总是看到品牌宣传自己社会地位的广告，看到企业捐赠鞋子（如TOMS Shoes）、眼镜（如Warby Parker）、食物和水等各种东西，用来帮助有需要的人。尽管这种高度公开的、与社会价值观保持一致的做法是全新的，而且多数情况下是面向千禧一代的，但许多Z世代对此也都对此怀有期待。在考虑购买某个品牌之前，他们想了解这个品牌除了产品以外的东西。

IAS 的丽莎·尤兹内德尔认为，这是她在帮助公司吸引目标受众（包括消费者品牌和潜在雇主）过程中的动力。她告诉我们："Z 世代关心你们的使命，他们希望看到你们自己也关心。Z 世代希望看到你们重视他们，在更多场合中坚持你们的价值观。他们无惧对公司大声表达。"

当耐克大胆地与科林·卡佩尼克结盟时，就表明耐克明白这个道理。尽管前几代人并不认为耐克是一个关心社会问题的品牌，但当 Z 世代成年时，他们只记得耐克当下的形象。与此同时，巴塔哥尼亚⊖等其他一向以支持社会问题著称的传统公司，仍在寻找支持社会事业的新方法。2018 年，巴塔哥尼亚捐出了所有的减税税款，共计 1000 万美元，用来赞助致力于保护空气、土地和水以及寻找气候危机解决方案的组织，这成了国际新闻。除本次捐赠外，巴塔哥尼亚自 1985 年就开始实施"捐 1% 给地球"（1% for the Planet）的捐赠计划。该公司还充分为员工赋能，让他们有所作为。2018 年，巴塔哥尼亚在美国总统选举日关闭了门店，以便员工外出投票。

并不是每个品牌都可以（或者必须）成为专职的社会正义或环境斗士，向客户展示它的立场。但是，如果你还没有这样做，请考虑一下如何在日常工作之外产生积极的影响。如果你是小型服装零售商，会向当地的女性援助中心捐赠衣物，或者在社区举办一个服装捐赠活动来帮助那些买不起新衣服的人吗？如果你是宠

⊖　巴塔哥尼亚（Patagonia），一家主营户外服装的公司，由伊冯·乔伊纳德于 1972 年创建。巴塔哥尼亚将其 1% 的销售额或 10% 的利润捐献给环保组织，并共同创建了"1% For the Planet"的商业联盟。——译者注

物美容师，会赞助当地的宠物领养活动吗？如果你是一个中等规模的营销机构，会花几个小时帮助当地的非营利组织发起下一次募捐活动吗？有些时候，你公司的使命正好体现了你想要改变世界的愿望。如果不是，那你便有机会支持自己倾向的社会事业。从Z世代的角度来看，你所做的最糟糕的事情就是一成不变。

将品牌视作平台

在与高管、企业家和公司董事会的合作中，我们尝试着探索，如何将他们的品牌打造为吸引Z世代的平台。打造一个平台，而非仅是品牌，涉及我们迄今为止一直在讨论的大部分内容：要有立场，无论是一项使命、一个需要解决的问题，还是品牌所代表的一种生活方式，然后通过多种渠道来实现。它不仅包括一个有形产品或令人难忘的名称，还包括内容、合作、目标、信任以及与客户日常生活更加深入的互动。这意味着不仅要有一个可随时移动的网站，还要活跃于合适的社交媒体，并提供体验和活动，强化对话以及从实体到数字之间的联系。

将品牌视作平台，可以使公司在制造、运营、市场营销和公共关系等各个方面的愿景保持一致。例如，制造业现在变得越发重要，因为Z世代想知道产品是在哪里制造、如何制造的，以及它的来源是否可靠。他们还希望公司在食品配料、对同工同酬的承诺、包容性以及环境责任等方面保持透明。运营需要与营销和外部沟通保持一致，因为一个大量转发的视频可以创造极大的需求，产生供不应求的局面；或者一个揭露公司言行不一的视频，如公司的运营污染了溪流的视频，可能会让多年精心打造的品牌毁于一旦。

数字隐私的透明度也在其中扮演重要角色。如前所述，Z 世代愿意和公司分享个人数据，但作为交换，他们需要知道公司值得信赖，能够保证信息安全。

阿洛·吉尔伯特（Arlo Gilbert）是 Osano 公司的创始人，该公司旨在帮助企业提升数字隐私的透明度。Osano 面向消费者的产品"隐私管家"，可以帮助客户梳理长篇大论式的、复杂的"用户须知"，将其精简为客户可以理解的几个要点。

吉尔伯特解释道："每个人每天都在重复同一个谎言，这会带来一定的后果。这个谎言就是：已阅读并同意所有条款。我们都会这样做。"

在点击"是的，我同意"之前，几乎没有人会真正读完一家公司的条款。但是随着越来越多的企业领导被放到显微镜下，被调查潜在的滥用数据的不负责行为，就会有越来越多的人在意这件事情。Z 世代对此尤其关注，因为他们已习惯用数据来做决定。如果他们知道他们可以相信一家公司能够保护好用户隐私，他们就更愿意向这个平台靠拢。

"关键在于软件和服务的供应链，"吉尔伯特说，"就像 Z 世代会关心产品的产地在哪儿、是否雇用童工、是否含化学物质一样，他们也会关注自己的数据被用在了哪里。他们想知道谁好、谁坏。如果你对数据使用的情况保持透明，并且谨慎地处理了这些数据，那么你就能在市场上赢得机遇。因为你可以说，'请放心让我们处理你的信用卡，收集你的邮箱地址或一些健康信息，因为我们会很好地处理这些信息'。"

打造平台的关键在于信任。顾客，尤其是敏锐的 Z 世代，会相信你对于公司运营保持透明的言论吗？他们会足够信任你，把你的消息和产品推荐给朋友吗？他们会与你分享个人信息吗？他们愿意站在你这边，支持你所有的立场吗？

一个杰出的 Z 世代品牌平台有三个关键元素：与最有效接触受众的渠道保持一致（例如，温蒂汉堡在推特上那引人注目的人物形象与店内产品展示保持一致）；数据驱动的追踪反应能力（例如，测量一切数据，并在可能的情况下与个人客户联系）；与 Z 世代消费者建立有意义的联系，适应他们的生活阶段和优先事项。

更快适应

随着 Z 世代在消费市场中的重要性不断提高，他们正处于许多重要购买活动的前沿，从购买（或租赁）第一辆汽车，租住第一套公寓，购买昂贵的工作服装，到寻找一家时尚的新餐厅，与大黄蜂⊖上认识的对象共进晚餐。但是，无论在何种情况下，都有一件事是肯定的：Z 世代为客户体验带来了全新定义，品牌和销售领导者都必须立即采取行动。有时领导者告诉我们，Z 世代的期

　　⊖　大黄蜂（Bumble），一款主打女性社交的社交约会软件，于 2014 年上线。——译者注

望太高了，但我们不这样认为。和其他世代相比，Z 世代有着不同的期望，他们对于常态有着自己的理解，并将其融入客户旅程的每一个环节中。

Z 世代成长于一个品牌与客户透明、互联互通的时代，事物炒作兴起又转瞬销声匿迹（想想指尖陀螺和平衡车的快速兴起与衰落）。Z 世代从来无须等待衣服换季时再去店里购买新品，因为他们可以去美国鹰、Zara 或 H&M 的官网上挑选几乎每月上新的款式。但是，他们觉得排队等待购买最新款手机是正常的，尤其是等待苹果手机新品发布的时候。然而，在餐厅排队点单或者排队入住酒店对他们来说似乎是一个非常低效的、碎片式的过程。

Z 世代也知道，他们可以走进任何一家零售店，找到一件商品，然后掏出手机浏览关于这件商品的评价，不用离开这家店就能货比三家，之后可以在手机上下单，商品在他们回家前就已经送到。这种购物方式叫作"展厅销售"，尽管这对于千禧一代来说是新事物（对于许多实体零售商来说则是噩梦），却是 Z 世代的日常。事实上，如果真的感兴趣，他们可以去 YouTube 上看无数个产品开箱视频，从玩具到最新的智能手机，应有尽有。这些开箱视频如此流行，为专职拍摄新玩具、科技产品及其他产品开箱视频的 YouTube 博主带来了成百上千万美元的收益。

最重要的是，Z 世代处于一个消费者信息混杂甚至矛盾的时代。一方面，他们节俭务实，因为经济可能会像前几代人所经历的那样再次变得艰难；另一方面，得益于社交媒体和当下前所未有的高度定制化广告，Z 世代无疑有着巨大的消费潜力。

　　各行各业的大小品牌都必须认识并适应这一新趋势（如果它们想要从 Z 世代身上赚钱）。随着时间的推移，Z 世代的购买力会更强，他们通过数字渠道影响其他世代，从而给各行各业带来前所未有的影响力。

第 7 章

Z 世代正在买什么

> 我可能已经在化妆品上花了 150 美元，
> 因为我在 Snapchat 上看到过它们。
>
> ——泰勒，16 岁

Z 世代最年长的成员在 2020 年达到 24 岁。由于不同的教育和职业道路，这意味着许多人刚刚结束他们的大学生涯，开始全职工作；如果没有读大学直接工作，有的人已经全职工作多年；或者是以上情况的某种组合（更不用说为来福车开车或在跑腿兔上做兼职了）。

Z 世代较年轻的成员包括十一二岁和更小的孩子，他们在蹦床公园举行生日聚会，在餐桌上玩《我的世界》（Minecraft），穿着乔乔·西瓦（JoJo Siwa）品牌的一切，在亚马逊上看电视，可能在上中学之前就拥有了手机或连接无线网络的平板电脑。Z 世代成员所处的不同年龄段影响着他们当前的消费模式和优先事项，并将在未来继续影响他们如何消费，选择何种产品和服务。

我们已经确定了 Z 世代目前的主要消费领域，以及他们的购买习惯如何颠覆了许多零售商几十年来的经营方式。但这并不值得大惊小怪。虽然许多公司一想到要重塑运作良好的经营方式就惊慌失措，但 Z 世代的购物偏好释放了品牌与下一代消费者建立联系的巨大潜力。接下来，我们将仔细探索一些公司是如何在该方面取得巨大进步的，以及它们的方法如何为其他渴望与年轻购物者建立联系的公司带来新的灵感。

服装

Z 世代认为，他们的穿着代表着他们是谁，甚至可以代表他们所拥护的——从社会团体到社会事业。虽然 Z 世代中的许多人尚未成为在时尚上花更多钱的令人向往的"二十而立的人",但他们很快就会成为这一群体。Z 世代和他们的服装购物极大地影响了传统商场和服装制造商。许多传统服装店客流量下降,顾客渴望更实惠、生产周期更短的快时尚,二手店购物增加。

正如我们提到的那样,节俭是我们正在关注的一种趋势,因为 Z 世代似乎喜欢在名牌服装上省钱,为自己探寻新事物,作为一个群体与朋友们一起社交。节俭之风已经存在了几十年,但它在 Z 世代中越来越受欢迎,这一点值得关注。品牌需要知道,如何在保持"流行"的同时,通过耐用性、定价或其他服务(例如通过 Dosh 等应用程序即时退款)来迎合"节俭"的心态。要做到这一点,需要不同的方法和一套新的操作技巧。

服装制造商也需要重新思考它们的店内体验。例如,更衣室区域的设计,要让 Z 世代可以在良好的光线和吸引人的背景下拍摄自己试穿不同服装的照片,这样他们就可以直接把照片发布到社交媒体上。他们还希望能够与销售代表即时互动,例如,通过发消息就可以要求更换不同的尺寸或颜色,而不是每次进更衣室前都要去找售货员。

服装行业的领导者还应该关注顾客逛商店期间(或者没有逛商店时),顾客是如何通过数字通信与社会场景产生联系的,以及从定制广告和购物车建议到个人购物者的全套服装推荐,在 Z 世代与公司互动的每个阶段,要注意个性化他们的购物体验。

Aerie 等品牌领会到了这一点。摒弃过时的审美传统,在每次与用户群体（从青少年到大学年龄的女性）交流时，都提倡拥抱身体积极性，从而打造了与众不同的"企业护城河 TM"。Aerie发起#AerieREAL活动，承诺不修饰模特的任何照片，永远不会。脸部瑕疵、妊娠纹、身材曲线和所有其他形式的真实状态都呈现在Aerie的照片中，模特有着不同的体型、尺码和肤色。在社交媒体上，Aerie给帖子贴上"#AerieREAL是……"的标签，鼓励100多万粉丝分享他们的现实主义（REALisms）。

Aerie的努力得到了Z世代的关注和认可。正如一名大学生在Aerie的Instagram上评论的那样，"没有哪个品牌比Aerie更多样化、更受欢迎了"。

Z世代对Aerie这样的品牌反应如此之大，导致维多利亚的秘密（Victoria's Secret，简称"维密"）陷入危机。这家内衣领跑者2018年的销售额下降了45%，它在2019年试图重塑自己的品牌。在自我接受、真实和包容主导文化对话的时代，维密纤细、完美的模特越来越失去影响力，尤其是在Z世代这样全球最有影响力的购物者群体中。

化妆品和美容产品

Z世代正处于与化妆潮流相互影响的黄金时期。对Z世代来说，真正令人兴奋的是，今天的化妆潮流的影响者也是Z世代成员，例如凯莉·詹娜和她获得巨大成功的化妆品帝国凯莉化妆品公司（Kylie Cosmetics）。她能够通过自己的社交媒体渠道带动数亿美元的化妆品销售。凯莉在很大程度上引起了 Z 世代的共鸣，因为她自己就是其中之一。

通常，大多数行业领导者都是固守旧营销惯例的传统品牌，持续颠覆化妆品行业的时机已经成熟。如果传统品牌不能以 Z 世代想要的联系方式适应 Z 世代，比如品牌透明度、社会责任，以及创造可以在社交媒体共享的购买体验，Z 世代将很快转向吸引他们及其价值观的新品牌。

内容驱动型营销将是这一努力中的一个重要因素。Z 世代喜欢关于"怎么做"一类的视频，而当年轻的他们开始化妆时，通常不知道如何使用化妆品或该购买什么。猜猜他们会去哪里学习？YouTube 和 TikTok。忘记商场柜台的免费化妆吧。品牌可以通过 YouTube、TikTok 和社交媒体渠道，向 Z 世代展示哪种色调应与哪种肤色搭配，如何使用眼线笔，如何涂口红时不涂在牙齿上，如何正确使用爽肤水护理痤疮，然后从适当的平台链接到相应的产品。

Glossier 等彩妆品牌提供的远不止是产品，从而广受 Z 世代欢迎。通过向 Z 世代为主的受众提供有用的内容，Glossier 建立了自己的帝国。在其诞生的博客"Into The Gloss"上，Glossier 将自己称为"一次美丽体验"。Top Shelf 和 Top Shelf After Dark 两个系列栏目，让该博客尤为闻名。在这两个系列栏目中，从金·卡戴珊（Kim Kardashian）到模特、餐馆老板、医生和流行音乐节目主持人，每个人都坐在浴室地板上，"谈论产品、职业以及美丽对当今女性的意义"。该博客还提供产品评论、使用方法和有趣的、能产生共鸣的美容建议，例如，"如何让皮肤做好准备迎接酷热"，以及分享使用闪亮彩妆、改善雀斑和控制痤疮的最佳实践等。

Into the Gloss 和 Glossier 与读者建立了很深的联系。Glossier 在调制化妆品配方时会参考社交媒体上的评论，该博客也迎合了 Z 世代的特定化妆需求，同时鼓励他们，拥抱自己对于美的定义。

受到 Z 世代认可的另一个美妆品牌岚舒（Lush），通过将气候变化宣传融入其业务的方方面面，实现了超越产品本身的影响力。你甚至可以称它为化妆品中的巴塔哥尼亚：2019 年 9 月 20 日，岚舒关闭了所有门店，这样员工就可以参加由年轻人领导的全球气候罢工活动，在全球各地宣传新的气候变化政策，当天岚舒甚至关闭了自己的电子商务网站。

岚舒将自己描述为"创造一场拯救地球的化妆品革命"，产品是纯素食、无残忍、手工制作的。该品牌在社交媒体上发布的帖子范围很广，从如何使用自己的产品到分享化妆品容器循环利用的灵感，以及揭秘产品的幕后制作过程。

游戏和消费科技

我总是和我的朋友一起玩《堡垒之夜》，如果朋友都不在线，我就会退出游戏，因为对我来说，和朋友们一起玩是很有趣的。我边玩边和朋友聊天。我们谈论生活、学校和各种各样的事情，就像面对面聊天一样。通过这个游戏，我可能已经和学校中的六七个孩子成了朋友，并与世界各地的玩家交了朋友。我在游戏中杀了他们，或者他们杀了我，大家就会说，"嘿，干得好""你想一起玩吗"，然后我们就可以一起玩了，任何时候都可以。我在芬兰和澳大利亚交了朋友，在美国的芝加哥、康涅狄格州、加利福尼亚州和纽约也交了新朋友。

——威尔，13 岁

从智能手机到 Alexa 和电子竞技，Z 世代是重度而且往往是非常早期的技术使用者。这一代人在生活的方方面面都依赖消费者技术。

根据消费者研究公司 Whistle 的一项研究，个人电竞在 Z 世代中尤其受欢迎，68% 的 Z 世代男性表示，游戏是他们个人身份的重要组成部分。

我们的研究发现，88% 的 Z 世代男性和 65% 的 Z 世代女性拥有游戏系统，他们每天在这些游戏系统上花费 3.2 小时（这还不包括每天在智能手机上玩的游戏——他们每天另外花费 6.6 小时）。70% 的 Z 世代游戏玩家认为游戏会上瘾。

虽然玩电子游戏一直被认为是一种反社交活动，但 Z 世代的游戏体验是高度互联和社交化的。把游戏卡带插入主机和电脑对战，或者充其量和坐在你旁边的一个朋友一起玩，这种日子一去不复返了。Z 世代正与他们在城镇、全国和各大洲的朋友一起玩，因为所有游戏都连接到在线社区，无论是在 PlayStation 网络、Xbox Live 还是其他在线平台。根据 Whistle 的调查，74% 的 Z 世代认为游戏是一种与朋友保持联系的方式。

那么 Z 世代在游戏上的花费是多少呢？根据尼尔森（Nielsen）的一项研究，他们每月在订阅服务、游戏购买和应用程序内购买上平均消费 92 美元。鉴于这一代人大多数还没有全职收入，这是一个令人印象深刻的数字。

无论哪个行业，对领导者来说，利用 Z 世代对游戏的热爱都是一个巨大的机会。联合汽车金融公司（Ally Financial，以下简称"联合"）首席营销和公关官安德烈亚·布里默和她的团队围绕 2018 年"超级碗"（Super Bowl）开发了一款虚拟现实（VR）游戏。她告诉我们："我们一边跟客户谈论如何做好他们的财富管家，一边花钱买一个'超级碗'广告位，就显得有些两面派。但我们想要利用'超级碗'的势头，所以我们打造了一款名为《大储蓄》（Big Save）的游戏。"

这款应用程序为联合提供了一种鼓励省钱的方法，又无须向玩家说教。为了下载《大储蓄》应用程序，玩家首先必须告诉联合他们存钱的最大动机。该妙计一举两得：联合不仅以一种有趣的方式与客户和潜在客户互动，而且还收集了用户的最大储蓄动机数据。在 31 224 名《大储蓄》玩家中，最大的两个储蓄动机是存钱买房（9362 人）和存钱应急（8909 人）。

这款游戏只有在"超级碗"出现在商业广告中时才能奏效。在广告中，玩家接受挑战，接住雨点般落到手机上的钱，并将其转移到虚拟存钱罐。游戏结束后，联合总共向玩家赠送了 25 万美元，用来帮助他们实现储蓄目标。没错，联合没有选择花费数百万美元赞助"超级碗"广告位，而是决定把钱赠送给那些参与游戏的人。

玩家来自各个年龄段，但联合显然是在迎合更年轻的用户，因为其中 49% 的玩家是 Z 世代和和千禧一代。

除了游戏，从如何在家学习、放松，到如何与朋友和家人联系，消费者技术几乎融入了 Z 世代生活的方方面面。另一个巨大的机会，尤其是对 Z 世代的年轻成员来说，是他们的联网家居设备将会影响他们的通信和购物。许多 Z 世代记不得 Alexa 出现之前的情况。这一代人认为电子邮件和 Facebook 已经过时了，面对面的会议也不是最好的协作方式。这种趋势最早开始出现在千禧一代身上，他们习惯在工作场所使用沟通和协作工具，即使他们没有得到雇主的正式支持。根据平台管理公司 Unify Square 和奥斯特曼研究公司（Osterman Research）的研究，28% 的千禧一代每周使用 2～4 次像 Slack 这样未经批准的协作应用程序，71% 的千禧一代每年至少会使用几次未经批准的应用程序。

随着 Z 世代进入职场，数字协作只会进一步被加强。Z 世代可以更名为"协作世代"，因为他们强烈希望利用技术进行交流和团队合作。我们的其他研究也表明，年轻一代在考虑是否接受一份工作并继续一份工作时，会积极考虑工作场所所采用的技术。

无论你在哪个行业，都要知道 Z 世代做任何事情都首先依赖于技术，要利用这一点来发挥你的优势。如何将新技术融入他们与你联系的所有体验之中？

娱乐

Z 世代正引领着一股潮流，将他们能做的几乎所有事情都流媒体化。他们总是能够打开 YouTube 来发现新的音乐，切换到 Spotify 来播放这些音乐，然后获得他们真正想要的播放列表。网飞和 YouTube 让这一代人能够随时随地在几乎任何设备上查看推荐、进行评级、观看娱乐节目。你可以在自己的 iPad 上开始观看节目，然后在妈妈的 iPhone 上继续，如果它真的不错，你还可以在智能电视上看完它。同一节目，在不同设备上都可以在同一个位置继续播放，而下一个视频将根据你对上一个视频的评分进行推荐。现在，在网飞、亚马逊或 YouTube Premium 上，从电影和电视节目到纪录片，Z 世代拥有无尽的选择。他们也可以去 YouTube 学习如何烘焙蛋糕、冲浪、跳舞或观看搞笑视频；TikTok 将短视频提升到了新的高度。与此同时，演唱会和现场活动的主办人意识到，Z 世代希望获得更身临其境、更具互动性的现场体验——从票务和活动更新到人屏互动，甚至是《堡垒之夜》游戏中的虚拟现场音乐会。

Z 世代渴望与艺人互动，从泰勒·斯威夫特（Taylor Swift）、Lady Gaga 和防弹少年团（BTS）这样的音乐人，到赛琳娜·戈麦斯（Selena Gomez）和巨石强森（The Rock）等名人，这些艺人拥有一大批粉丝，这些粉丝"喜欢"或"点赞"艺人的每一个帖子。这些有影响力的人通过他们的社交媒体关注者建立了一个完整的 Z 世代广告平台。越来越多的品牌转向这些名人驱动的社交平台，以替代传统的广告方案，与 Z 世代建立联系。例如，在电影行业，像巨石强森这样的名人，除了电影片酬，还可以获得推广电影的报酬。他在 Instagram 上有 1700 多万粉丝，通过直接在 Instagram 上发布在片场工作的幕后照片和自拍视频，让人们对一部电影激动不已，这胜于任何广告牌或黄金时段的电视广告的宣传效果。

聪明的公司意识到，无论是世界知名艺术家还是小众艺术家，都可以成为品牌的有力倡导者。他们依托社交媒体平台，在帖子、视频或活动中提及品牌，从而直接带动销售。关键在于，找到符合品牌市场定位的艺人或有影响力的人，他们拥有可衡量参与度的合适关注者，且能够在一段时间内拓展这种关系，最大限度地影响 Z 世代。许多广告公司如雨后春笋般涌现，专门提供这些服务；同样，一些公司还组建了内部专家团队，他们的主要工作是将合适的艺人与合适的品牌联系起来进行推广。这些联系现在甚至包括让名人成为公司的投资者或合作者，这已经成为具有前瞻性思维的名人和品牌的常态，例如贾斯汀·比伯（Spotify）、杰西卡·阿尔芭（诚实公司）、阿什顿·库彻（优步）、泰拉·班克斯（The Muse 求职网站）和加里·维纳查克（色拉布）等。

深入娱乐行业，各大品牌现在正专注于如何直接融入电子游戏。例如，漫威等品牌在《堡垒之夜》为玩家提供了皮肤升级，让他们可以拥有钢铁侠皮肤。2019 年 2 月 2 日，人气音乐人棉花糖（Marshmello）在《堡垒之夜》电子游戏中举行了一场"现场演唱会"，突破了游戏和艺人的融合极限，吸引了超千万人参与！

对于 Z 世代的大多数人来说，娱乐本身就是互动的载体，而且应该是每时每刻，在自己最喜欢的联网设备上，与最喜欢的艺人互动。例如，当我们与职业体育（如篮球队）合作时，让球迷提前到达体育场可以带来巨大的投资回报，因此要给他们一个令人信服的提前到达的理由，比如娱乐和与名人互动，会让原本可能不想提前到达或根本不想提前到达的这一代人改变主意。然后，通过 Instagram 等 Z 世代喜欢的平台，在比赛期间和赛季之间传递由运动员驱动的幕后内容来维持这种联系，维持 Z 世代粉丝的兴趣。

食品、饮料和餐饮

我们在食品、饮料和餐饮方面进行了大量研究，与其他几代人相比，我们尤其关注 Z 世代。Z 世代是在食品信息大战中成长起来的，企业大力宣传各种产品特色，例如非转基因、有机、本地采购、少于五种成分、食品过敏标签和时尚饮食。Z 世代还可以观看专门为儿童和青少年设计的烹饪节目（有些甚至由 Z 世代主持），这些节目不仅在传统有线电视上很受欢迎，在 YouTube 上也极为流行。我们认为 Z 世代是"复古"的一代，事实证明，在烹饪方面的确如此。他们中的许多人生活在这种时代：在他们最喜欢的餐馆或最喜欢的点餐应用程序上，在他们最喜欢的汉堡或者"素食"（Beyond Meat）汉堡、星冰乐（Frap-puccino）或冻酸奶（froyo）旁边标注了卡路里。

在我们研究的所有类别中，食品、餐馆和杂货的变化最大，这是由于 Z 世代的出现以及他们与技术创新的碰撞造成的。Z 世代生活在这样一个时代：无论身处何地，他们都可以从最喜欢的餐馆获得食物，而且通常会知道食物是在制作中还是派送中！DoorDash、Uber Eats 和 GrubHub 等外卖送餐应用程序提供各种餐厅和价位信息，通常都是 24 小时送货。虽然从表面上看，这似乎是餐馆的福音，但实际上对许多餐馆的利润产生了负面影响。为什么呢？网上订餐时，人们通常会绕过推荐菜单，购买特价开胃菜、当日甜点和酒水。此外，餐馆通常要承担这些外卖送餐应用程序的部分费用。销售啤酒、葡萄酒或鸡尾酒时搭配布法罗辣鸡翅或者比萨，这是许多餐馆赚钱的诀窍，但在应用程序上无法获得酒水类商品的销售。因此，尽管一些餐馆整体上销售了更多的食物，利润却在下降。

该领域竞争激烈，消费者选择众多，例如超市餐馆（groceraunts）。超市餐馆指的是超市里的餐馆，例如全食超市（Whole Foods），让人们摆脱了传统餐馆的限制，因此大受欢迎。此外，幽灵餐厅（ghost restaurants）也是一个选择。它们没有实体店，只存在于应用程序或网站上，提供外卖送餐。此类餐馆正在创造更多的选择，不断挑战餐馆（或厨师驱动型概念）的定义。对于 Z 世代来说，所有这些以及更多选项为他们提供了丰富的食物选择和送餐选择。或者就像我们常说的那样，虽然 Z 世代仍然在吃东西，但他们去哪里吃，以及如何点餐、付款和推荐都与其他世代不同。更多的变化即将到来！

除了餐饮选择和体验的变化之外，美食车热潮迭起。众所周知，千禧一代推动了这股热潮，现在 Z 世代也开始期待。比如支持当地厨师或理念，坐在冷光照明的户外或真正代表这个地区的地方（如果你有狗的话，带上你的狗），这种想法吸引着 Z 世代（以及社交媒体上的帖子）。部分开发商正在将美食车纳入整体开发愿景之中，以极低的资本投入提供多样化的食物选择，在有写字楼的情况下为上班族服务，同时也为社区服务。

我们观察到，一个潜在趋势影响了 Z 世代现在的购买行为：店内购物次数减少了。Z 世代开车或乘车去购物（无论是为了购买食物、酒水、衣服还是消费科技）的次数减少，导致他们在逛零售店或者在收银台排队时自发购物的机会也减少了。

那么，食品、饮料和餐饮品牌如何才能与 Z 世代一起茁壮成长呢？我们观察了大量的测试案例，无论是首次试验还是重复试验，早期的发现表明，进行与 Z 世代有关的热点营销至关重要。例如，提供满足不同饮食需求的食物，支持当地社区或更宏远的目标。实体店需要有恰到好处的音乐和灯光；引人注目的视觉效果，例如当地的热门景点图片或当地艺术家的壁画，刺激人们以墙壁为背景拍照（而不仅仅是关注食物或饮料）；公共交通便利，可步行前往或方便停车；以及任何其他足以表明店主真正了解顾客的细节。此外，温蒂汉堡和福乐鸡（Chick-fil-A）等精明的食品品牌经常通过社交媒体与 Z 世代互动，以保持他们对品牌的关注，包括它们自己的"社交媒体牛肉"[⊖]活动，以及哪一家的鸡肉三明治更好吃。

此外，新型购物中心和商店开发商意识到，如果想要赢得 Z 世代，就必须让实体环境更具体验感。这包括打造户外和娱乐空间，进行商店和整个物业的数字整合，精心策划商店之间的距离以吸引合适的人流，以及在整个物业配备免费的无线网络。从本质上讲，Z 世代想要一个可以舒适地购物、吃饭、闲逛和探索的地方，而不会觉得自己被困在了 20 世纪 90 年代——他们认为那是复古！

未来的支出

从学习用品到照顾宠物，Z 世代已经在更多方面推动了消费趋势（这与老一辈人没什么不同，他们也爱宠物，但研究公司 Packaged Facts 的一项研究表明，Z 世代依赖兽医提供的信息和建议比前几代人多得多）。到目前为止，我们提到的行业很好地初步展示了 Z 世代现在的消费方式。

但是在不久的将来，Z 世代将把他们的钱更多地花在哪里呢？

就是成长的 Z 世代开始对经济产生更大影响的那些行业。我

⊖　社交媒体牛肉（social media beef），指社交媒体上的帖子。——译者注

们的研究确定了几个这样的行业，Z 世代将很快产生影响，并可能在未来 10 年重塑这些行业内的公司权力平衡格局。这一影响将在许多行业得到放大，因为到时婴儿潮一代将会退休，相应地，他们的支出相较之前将会持平或减少。还有即将到来的财富转移：有人估计，可能会有 30 万亿美元从婴儿潮一代转移到 Z 世代。随着 Z 世代进入专业劳动力市场并获得晋升，他们的收入也应该比现在高得多。

以下行业我们认为具有直接机会和少量赛道的行业。现在就开始行动，为 Z 世代的兴起做准备吧！

银行业

在财务上更加保守的 Z 世代如何处理他们节省下来的钱？他们会把钱放在基于手机的支付或银行应用程序中。他们很可能实现（也期待）未来不用去银行就可以完成所有的银行业务，从申请汽车贷款到为退休储蓄。

Z 世代总是能够选择各种金融科技（fintech）来省钱。从传统银行提供的银行应用程序到账户自动划款创建紧急基金的储蓄应用程序，或者部分人把大部分钱存入现金应用程序或 Venmo 账户。所有这些储蓄最终将催生信用卡和汽车贷款以及各种其他金融产品。Z 世代的技术需求复合、储蓄模式多样，银行和金融技术公司必将从中获益不菲，但前提是银行业领导者必须专注于打造世界级的纯移动端体验。这涉及开户、转账和支付账单，提供可视化数据和分析结果，向 Z 世代显示他们的支出和储蓄（甚至与同龄人相比，他们的储蓄动机如何），并最终与他们的个人财务目标相结合。

千禧一代快速接受了 Acorns、Betterment 和 Robinhood 等解决方案，向银行业和投资界展示了变革可以多么迅速。从生命阶段的角度，尽管千禧一代接触这些金融科技解决方案比现在的 Z 世代晚得多，但这些解决方案大受欢迎，预示着 Z 世代总是希望将它们作为备选。

2009 年，大衰退后，作为全球首家全数字化在线金融服务公司，联合成立，当时它就在考虑未来。安德烈亚·布里默回忆说，每个人都告诉他们，世界不需要另一家银行。"我们一致认为，世界不再需要另一家银行，但世界需要一家更好的银行。我们下了很大的赌注来证明我们不需要实体银行。"

联合将重点放在真实性上，这有助于银行与客户建立关系，以此来建立与众不同的行业护城河。"我们的目标是以有趣和吸引人的方式传授金融知识"，布里默分享道，"为此，我们做了很多令人惊喜的事情。"2018 年，联合打早了"超级碗"的《大储蓄》VR 游戏，2016 年，联合发起"幸运便士"(Lucky Penny) 活动，用户好评如潮。

布里默表示，"美国人不再珍惜每一分钱，于是我们围绕着'省一分就是赚一分'的理念设计了一场寻宝游戏。我们展示了有趣的金钱观，并且，如果你找到任意一枚幸运便士，就可以兑现1000 美元"。

联合与客户建立联系的其他方式包括在 Instagram 上发起

挑战，鼓励人们与伴侣进行"金钱对话"，以及一项"银行捐赠"（Banksgiving）活动，通过向在感恩节期间拨打客户服务热线的人赠送礼物（礼物范围从帮助客户打扫树叶到5万美元现金不等）来感谢客户。

联合所有这些不太典型的银行行为的结果如何？它每年都会增加二十多万千禧一代和Z世代的新客户，大约占其每年新客户群体的65%。

我们问布里默，为什么在其他银行举步维艰的时候，联合却能和Z世代一起茁壮成长，她归结为以下三点：

（1）你必须有勇气去关注目标群体，虽然今天他们没有多少钱，但你知道在不久的将来，将有巨额财富转移到他们手中。许多公司受到来自董事会或首席执行官的压力，要求专注短期，而非着眼长远。

（2）Z世代很快就能发现伪装者。我们的品牌有一种真实性，因为我们兑现承诺。

（3）我们及周围人都用正确的输入武装自己。我的孩子属于Z世代，我们的代理合作伙伴都很年轻，我们倾听客户的声音。你必须倾听，然后尝试你认为会引起共鸣的东西，看看进展如何。

布里默和她的团队发现，人们有一种误解，认为Z世代对储蓄不感兴趣。联合知道Z世代是真正的储蓄者，他们收入的近50%都用来储蓄，而且他们强烈渴望学习更多的金融知识。

所有银行，无论是传统品牌还是初创企业，都面临巨大的机遇。它们可以押注这一代人的未来，并通过易于使用的数字工具和有价值的内容赋能 Z 世代。它们也可以不这样做，但那会错过即将转移到 Z 世代手中的巨额财富。

在技术方面，银行将面临创造无缝衔接的数字银行体验的挑战。这将包括使平台更加可视化，只需更少的点击就能获得信息，回答语音问题，支持实时转账，以及能够分析储蓄和支出。

与新的储蓄和投资选项进行整合也将成为优先事项。例如，整合新的支付类型或无卡支付方式，如 Sezzle 和 Affirm 支付平台，或者整合帮助账户持有人在实际收到资金之前就进行资金管理的工具。提供更好的客户服务选项，包括人工智能聊天机器人和回答有关提高信用评分的问题。为了在银行业竞争中赢得 Z 世代客户，这些服务将变得非常常见，且至少要做到这些。

汽车与交通

谈到汽车，Z 世代可能开启了颠覆整个行业的新趋势。我们的一项全美研究表明，Z 世代是最愿意乘坐自动驾驶汽车的一代。汽车制造商正抢着不断研发自己的自动驾驶汽车，对他们来说，这是一个绝佳时机。撰写本文时，来福车公司与安波福（Aptiv）合作，在拉斯维加斯已经与真实的客户一起测试了自动驾驶汽车。

我们已经发现，Z 世代选择不马上考取驾照。根据《华尔街日报》报道，自 20 世纪 80 年代以来，获得驾照的青少年比例下降了近 20%。这是因为在许多地区拥有和驾驶汽车的成本很高，大学期间和城市地区对汽车的需求不多，以及在越来越多的郊区甚至农村地区，拼车（如优步和来福车）现象盛行。此外，对于

Z世代的许多人来说，公共交通也更加方便，因为它与手机绑定，支付和使用更为便捷。

当Z世代确实考虑开车时，我们的研究表明，他们的期望之一是希望汽车制造商提供他们认为的对环境更为友好的高质量电动汽车。Z世代还认为，在不远的将来，自动驾驶汽车将成为常态。现在，直接从经销商处购买或租赁汽车也是Z世代的众多购车选择之一，他们还有机会使用汽车订阅租赁服务（例如Flexdrive、Clutch等众多汽车订阅服务），并可以选择定期将自己的汽车更换为其他汽车，同时还可以在高速公路沿线的多层汽车自动售货机（例如Carvana）上购买汽车。

过去10年，受千禧一代、特斯拉、经销商兼并重组、金融危机、技术进步和共享经济等因素推动，汽车制造商和整个汽车行业，从融资到服务都经历了巨大变革。然而，Z世代将推动更大的变革，因为他们已经在颠覆汽车行业，未来变革将成为常态。换句话说，变革才刚刚开始。

作为研究人员、演讲者和顾问，我们在汽车领域做了大量工作。我们发现，未来既有巨大的挑战，也有巨大的机遇，这取决于汽车制造商、汽车贷款人、服务提供商和汽车经销商如何应对。

Z世代给汽车制造商带来的挑战包括他们如何选购汽车，如何与经销商沟通，以及如何平衡债务和财务问题。Z世代已经表现出强烈的偏好——购买二手车而不是新车，选择轿车而不是SUV。这一代人认为二手车更划算，乘坐空间可以载更多的朋友，轿车比大型汽车油耗更低，且轿车在城市地区更容易停放。

在购车方面，Z 世代去经销店之前，大部分时间都会在移动设备上比较店铺，阅读评论。然而，即使出现在经销店，他们仍然经常看屏幕，这使得销售人员跟他们谈话时进行眼神交流将变得具有挑战性。

约翰·菲茨帕特里克（John Fitzpatrick）是 Force Marketing 的首席执行官，这是一家快速发展的科技驱动型营销公司，帮助汽车集团、经销商和品牌与每一代汽车买家建立联系。Force 最受欢迎的工具之一是 Drive，这是一个创建有针对性的定制视频的平台，其中包括观众最近浏览过的汽车列表。

跟踪平台从消费者处获得的所有数据，Force 注意到，年轻购车者的购物方式与汽车品牌试图与他们建立联系的方式之间存在惊人的差距。

菲茨帕特里克和他的团队注意到，最大的机会是视频。"我们的研究显示，Facebook 和 YouTube 分别覆盖了 85% 和 92% 的购车者，但只有 3%～4% 的汽车经销商在这两个平台上有积极的视频策略。"菲茨帕特里克解释说。

他接着解释说，年轻购车者的视频消费每年都在增加，这并不奇怪，但我们的数据表明，老一辈人在购车时也更频繁地使用视频来满足购车需求。我们发现，2018～2019 年，18～24 岁人群的视频消费率增长了 57%，但所有年龄段的数据都在飙升：

25～34 岁年龄段视频广告浏览量增加了 60%。

35～44 岁年龄段增加了 90%。

45～54 岁年龄段增加了 92%。

55～64 岁年龄段增加了 140%。

65 岁及以上年龄段增加了 131%。

菲茨帕特里克说，购车者需要视频向他们展示一切，比如汽车的音频系统如何连接到他们的 iPhone，堵车时坐在车里 40 分钟是什么体验。

菲茨帕特里克和他的团队还发现，年轻客户期望公司如何使用他们的数据与许多公司实际在做的事情之间存在脱节。

"我相信数据就是'新的石油'。许多人会说同样的话，但他们并没有完全用行动来支持这一点。许多人滥用他们拥有的数据。他们希望向多人发送同一条消息，而不是一对一地发送多条消息。"

菲茨帕特里克说："当我们考虑与消费者建立联系时，我们必须改变这种心态。如果你不使用技术来推动个性化，在人们想要交谈的时候与他们交谈，采用他们想要的交谈方式和节奏，你就会完全错失机会。"

"我们掌握了消费者的数据，他们因此被吓坏的情况已经不复存在。现在他们知道你有数据。因此，他们对正确使用数据的期望值比以往任何时候都高。"

无论是向 Z 世代营销交通方式还是其他任何东西，都是如此。但就汽车而言，通过视频和高度个性化的信息传递脱颖而出的机会尤其广泛。

租房和置业

Z 世代目睹了父母这代人在大衰退之前，由于激进的住房贷款而面临房屋止赎和驱逐的状况。91% 的 Z 世代告诉我们，他们仍然希望有一天能拥有自己的房子，但他们很可能会买一套他们能负担得起的房子，而不是花大力气买一套他们负担不起的房子。

有趣的是，早期数据表明，Z 世代已经开始买房，购房者数量总体上与前几代人持平。对于正在设计满足 Z 世代需求的入门级产品的房屋建筑商以及需要下一代购房者接盘的房屋卖家来说，这都是个好兆头。事实上，根据环联的数据，2018～2019年，Z 世代的购房者数量翻了一番，从 15 万人左右增加到 31.9万人。

然而，随着 Z 世代成熟起来的智能购房领域之一是，到底是租房好还是买房更好。许多网站和其他服务商可以迅速告诉 Z 世代如何正确考虑房租和贷款，这样一来，在他们最终进入购房黄金数十年的前半段时，更容易权衡。

从长远来看，无论是作为购房者还是租房者，Z 世代都可能有利于房地产市场，因为他们似乎对金钱更为保守，对债务尤其是大学债务和信用评分考虑得更为周全。

当我们与房地产开发商和机构投资者合作时，一定要抓住 Z 世代在房地产方面想要的关键东西：他们希望房屋紧邻的户外空间能够成为客厅，接近他们想要的生活方式，家里的一切都连接到物联网（IoT），并且他们觉得在组建家庭之前，房屋的区位比面积更重要。

聪明的房地产领导者正在迅速适应这些趋势，为赢得Z世代做准备。而学生公寓行业的领导者已经在努力迅速调整，以满足Z世代不同于且高于千禧一代的期望。在公寓方面，人们期望漂亮的装修、更好的健身中心和户外区域，以及与当地商业配套。然而，我们再次看到，如果能够通过减小面积、降低价格（比如微型公寓）来获得更好的地理位置，Z世代愿意降低对奢华的配套设施和装修的需求。美国校园社区公司（American Campus Communities）这样的大型学生公寓企业在很大程度上考虑了Z世代的偏好，投资者正在购买较旧的房产，并翻新，以适应新一代的需求，但房租价格更低。

《纽约时报》报道称，在住房偏好方面，Z世代与千禧一代有很大差异。千禧一代被屋顶游泳池、日光浴床和攀岩墙等度假村式的便利设施所吸引，而Z世代更关心的却是面对日益昂贵的大学教育费用，尽可能实现一切触手可及，让租金花得最为划算。相比于娱乐设施，Z世代更喜欢亚马逊储物柜、共享学习空间、便于优步、来福车直达的会议场所以及外卖方便等便利设施。

Z世代当然不会介意豪华住宅，但以更低的价格拥有更好的生活方式和地理位置，始终比空间本身的花哨功能更能赢得他们的青睐。这将包括占地面积较小的公寓，它们靠近餐厅、娱乐场所，交通便利，上下班方便，以及配套有为自由职业和零工经济[⊖]

　　⊖　零工经济，指的是区别于传统"朝九晚五"，时间短、灵活的工作形式，利用互联网和移动技术快速匹配供需方。——译者注

而设计的空间。占地面积更小、便利设施更少但位置更好的公寓，每月租金更低，对汽车的依赖更低，因此相关成本更低，更符合 Z 世代的实际需求：便利工作、生活和娱乐，靠近狗狗公园！

买房和买车在很大程度上都取决于 Z 世代居住在何处。如果他们选择追随近几代人的脚步，为了工作、生活方便等搬到市区，那么买车就变得不那么重要，但同时也让买房变得更难。但是，如果他们能够在人口密度较低或通勤方便的地方生活和工作，那么买车和买房显然是他们未来的选择。

关于买车和买房，我们知道一件事：Z 世代想要一套联网的房子和一辆联网的汽车，这一点毋庸置疑。事实上，超过一半（53%）的 Z 世代想要更多的家居用品能连接到互联网。

Z 世代希望家里的一切都是预先连接好（或设置好）的，从安保摄像头（如 Ring）到智能恒温器（如 Nest），再到智能家电和照明系统，从而最大限度地利用物联网解决方案。这种预期延续到了汽车上。Z 世代期望汽车耐用且可靠——这表明他们重视价值和耐用性，同时期待汽车具备物联网的所有功能，包括可以与手机即时无缝连接，支持从 Spotify 或 Pandora 上播放音乐，支持使用播客，以及搭载可以提供从驾驶到导航等帮助的各种传感器。

未来 5 年，超过三分之一的 Z 世代希望互联网能够预测他们需要什么，并在他们实际需要之前提醒他们。

利率和融资能力是在住房和汽车方面面临的问题，目前环境下仍有待观察。

保险和投资

在 2017 年的 Z 世代现状研究中，我们发现，12% 的 Z 世代已经在为退休储蓄！这是一个惊人的发现，因为我们在全美范围内调查的年龄组是 14～22 岁。这种为未来储蓄或投资的倾向对这一代人和金融服务业来说都是个好兆头，但前提是该行业必须适应 Z 世代的通信、技术和金融偏好。我们看到，不分假期随时回答问题的机器人顾问和人工智能聊天机器人以及仅限在线使用的投资解决方案大量涌现，这是传统财务顾问面临的最大挑战。这些解决方案成本极低，却能轻松与银行集成，而且重要的是，客户用非常少的钱就可以开户，所有这些都能在智能手机上完成。

Z 世代重视投资，尤其是当他们已经考虑为紧急账户甚至退休而储蓄时，这点与千禧一代形成有趣的对比。千禧一代经常因为支付学生贷款和个别时候的"入不敷出"而推迟为退休储蓄。Z 世代也可能是即将到来的财富转移的受益者，然后他们快速启动退休储蓄。但这只是一个假设，因为财富转移的规模和时机引发了激烈的争论——但它最终会到来。

对于提供基于移动技术的解决方案的金融公司来说，由于解决方案向 Z 世代展示了账户是如何定期小幅增长的，并且方便向朋友推荐，因此未来一片光明。如果 Z 世代现在就开始为退休进行投资和储蓄，Z 世代和整个金融行业都将从中受益，这一点尤其重要。因为当 Z 世代最终准备退休时，政府为他们建立金融安全网或医疗安全网的可能性非常低。

传统的投资公司需要对顾问进行培训才能接触 Z 世代。鉴于美国目前财务顾问的平均年龄是 51 岁，Z 世代可能是他们的孩子辈或者孙子辈。因此，培训必须以 Z 世代的数据为基础，而不是讲"当今年轻人……"的故事，并充分与技术相结合，最大限度地降低摩擦，提高 Z 世代的咨询体验。对顾问来说，好消息是 Z 世代喜欢向朋友推荐自己信任的产品和服务，因此现在与 Z 世代建立业务关系，未来数十年他们可能会持续向朋友推荐。

与此同时，随着年龄的增长，Z 世代不得不脱离父母的保险，无论是健康保险、牙科保险、视力保险还是汽车保险。因此，保险对 Z 世代来说将变得越来越重要。Z 世代已经通过网络购买汽车保险和租房保险。他们进入职场越久，获得的团体保险选择就越多。最终，他们会考虑人寿保险。

然而，就像银行业正在被金融科技颠覆一样，保险业也正在被保险科技颠覆。斑马（The Zebra）和保单天才（Policygenius）等保险科技公司让比较和购买汽车保险和人寿保险变得简单透明，就像在爱彼迎预订房间一样容易。新型科技公司也在进军保险市场的其他领域，给传统保险公司带来了巨大的压力。由于大多数人购买保险都是从网络搜索开始的，而这些新型科技公司通过优化，可以将这些搜索转换为线索，实现快速承保。Z 世代只知道在线购买保险快速、简单，是一种很好的体验，而不是许多千禧一代以及之前几代人期待的那样，与保险推销员进行人际交往，比如在午餐时、在你家里或在工作场所集中演示（附有小册子）。

总体而言，金融服务和保险业是我们研究的最大行业之一，我们在 Z 世代身上观察到的趋势与千禧一代非常不同，尽管千禧一代已经以推动巨大变化而闻名。展望未来，Z 世代期望保险可以做到实时定价、快速承保、支付选项多样、时间选择灵活、通过视频解答常见问题、为良好行为（如锻炼）提供折扣或奖励，以及通过移动设备即时提交索赔，所有这些都无须与人交谈。随着 Z 世代持续进入劳动力市场，成为金融服务和保险的新趋势的推动者，并可能从大规模财富转移中受益，他们在金融行业中的重要性将成倍增加，以上趋势将加速。

旅行、酒店业和旅游业

乐意为了参加节日睡在陌生人的家里，使用一个综合网站就可以在线制订所有的旅行计划，入住品牌响亮且能积分的精品酒店，房间时髦，菜单独特，千禧一代决定拥抱这一切，从而为旅游业带来了巨大变革。从爱彼迎到 Kayak、Localeur 和 Expedia，Z 世代是所有这些变化的受益者。过去 10 年，关于旅游住宿选择的评分和评论网站激增，Z 世代得以通过高度可视化的方式，多方面深入了解他们可能想住的地方，以及一旦他们到了那里，应该如何像当地人一样进行体验。Localeur 就是一个很好的例子。

Localeur 会告诉你当地人去哪里住宿、玩耍、吃饭、喝酒和聚会。Z 世代对"真实"旅行体验的渴望和他们的消费模式，可能会推动发展更为经济的旅行，这与共享经济和便捷的移动预订所创造的多样化选择很好地结合在一起。换句话说，千禧一代和共享经济打破了传统的旅行和住宿限制，Z 世代将在他们还年轻的时候就享受到这一变化带来的好处！我们认为 Z 世代的不同之处在于，他们未来会期待更为简单的入住和退房流程以及支付方式，例如通过短信用信用卡支付（如 Everyware），以及更深入地融入当地活动、品尝食物和饮料、参加当地聚会，从而获得深度的旅行体验。

首饰和时尚配饰

随着 Z 世代步入 20 多岁，首饰和时尚配饰将继续在他们的个人身份识别和个性展示中扮演关键角色。到目前为止，Z 世代似乎在首饰方面存在分歧。一方面，部分 Z 世代成员大量购买廉价首饰，这样就可以有无数不同的选择——非常适合拍摄多到数不清的社交媒体照片；另一方面，Z 世代中也有更富有的成员，或者愿意在奢侈品上大肆挥霍的成员，从名牌戒指到名牌钱包，他们确实会购买奢侈首饰和商品。然而，很明显的是，Z 世代最大的首饰购买力在于未来，因为未来他们的收入会增加，订婚等人生大事也会发生。

目前，我们确实看到两个趋势仍在继续。第一个趋势是，Z 世代仍乐于购买价格较低但时尚的品牌，如肯德拉·斯科特（Kendra Scott）。该品牌的首饰款式新颖，但价格不算太贵，使得它成为一个更负责任的首饰品牌，且不会被视为廉价——这是一个难得的成就。千禧一代一直在寻找传统方式开采的钻石的替代品，出于社会原因和成本效益考虑，Z 世代很可能会延续这一趋势，因为到目前为止，Z 世代在支出模式上确实显得更加功利。

　　第二个趋势是，Z 世代正处于一个理想的年龄和人生阶段，对于通过社交媒体和意见领袖向他们介绍新首饰和配饰的品牌来说，这降低了品牌商斥巨资开设传统店面的风险。现在首饰品牌首先通过社交媒体和数字通信在网上与 Z 世代成功建立联系，激发他们对品牌的兴趣，然后吸引他们进入实体店，特别是如果品牌有名人代言的话。

　　随着 Z 世代年龄的增长，他们收入变得更高，在衣服、科技产品、食物等日常用品上将花费更多。从长远来看，Z 世代的大多数人告诉我们，他们仍然计划在未来买房、结婚并至少生一个孩子。然而，对于 Z 世代的大多数人来说，结婚和生第一个孩子很可能是十多年以后的事情。这就是为什么我们预计在不久的将来，他们的大部分支出将集中在个人经验、需求和愿望上，而不是花在照顾孩子或其他家庭成员身上。目睹 Z 世代如何度过二十多岁的消费 10 年，成为更加独立、更具市场影响力的消费者，这将是一件令人兴奋的事情！你知道我们将会密切关注他们，因为他们通过 Venmo、Cash App、Zelle 或任何其他方式进行支付。

第 8 章

赢得 Z 世代品牌忠诚度

> 我很少看广告买衣服。看到学校里的同学们穿的衣服，如果我觉得很喜欢，就会去买。
>
> ——Z 世代男性，15 岁

2016年的财务业绩公布后，斯普林特（Sprint）知道它需要一个新的竞争计划了。当威瑞森（Verizon）和美国电话电报公司（AT&T）争夺美国手机运营商的头把交椅时，斯普林特正在苦苦挣扎，裹足不前。2016年年底，斯普林特净亏损12亿美元。显然，之前的业务模式行不通了。

与耐克一样，斯普林特也知道它的业务前途掌握在Z世代手中。是的，它必须提供可靠的手机服务，就像耐克需要提供一双像样的运动鞋一样。但是斯普林特知道，要生存下去，需要的还不止这些。它需要让年轻的客户（这群人每天最多要花6个小时或更长时间在手机上）相信，斯普林特重视并且理解他们。

斯普林特需要让Z世代知道，它了解这一代人的梦想和充满活力的个性。它知道Z世代想打破生活中各个方面的界限，包括个人、专业、政治和社会。而且，斯普林特必须以某种方式让Z世代相信，将他们的手机连接到斯普林特的网络有助于他们实现所有这些目标。

但是，除了每年亏损12亿美元外，斯普林特还面临另一个问题：它不知道如何吸引Z世代。

至少它意识到了这个问题。因此，斯普林特组建了由Z世代营销专家组成的"糖果吧"（Candy Bar），该团队策划了"生命无限"（#LiveUnlimited）系列广告。

"生命无限"活动在Z世代常用的平台（社交媒体和YouTube）上以个人的角度与Z世代进行了交谈。"糖果吧"知道 Z 世代对那个说着"能听到吗"的测试员[○]不感兴趣，自然不记得或者不在乎斯普林特把他从威瑞森挖过来了。

但是 Z 世代会在意 Instagram 和 YouTube 网红的意见，如罗伊斯王子（Prince Royce）、乐乐·庞斯（Lele Pons）、布拉德利·马丁（Bradley Martyn）、雷切尔·库克（Rachel Cook）和杰拉德·亚当斯（Gerard Adams）。没听说过这些人？没关系，但是当你试图理解 Z 世代并赢得他们的欢心时，找一个了解这些网红的人，并且直接听取这些网红的意见是比较明智的主意。

在 YouTube 视频中，斯普林特的"生命无限"活动将上述的所有网红聚集到了一起，他们没有谈论任何流量套餐、5G 网络、下载速度或漫游费用，这些 Z 世代的榜样们鼓励观众按照自己的方式生活。

视频是这样的，当一个 Z 世代的孩子坐在沙发上盯着手机时，拥有超过 5000 万粉丝的乐乐·庞斯打开视频说道："我想鼓励你以自己的方式生活。"然后她跳进了孩子的客厅。布拉德利·马丁也在客厅，他加入了对话："是时候把自己推向新高度了。"故事就这样继续下去，许多网红都为 Z 世代的这个孩子加油打气，他们似乎都走出了手机，走进了孩子的客厅。

这次活动的口号贯穿整个视频和每个社交媒体平台：生命只有一次，但你，每天都可以不设限。

○ "能听到吗"的测试员（The "can you hear me" guy），指的是 Paul Marcarelli，即威瑞森广告中电话测试员的扮演者，经常以"能听到吗"的台词出镜。——译者注

这次活动要求每个网红在 2017 年夏季在他的社交媒体平台上循环播放该视频。结果如何？ Reddit 上的一个人对斯普林特表示赞许，他说："每个企业都应当对此表示关注。不要把业务失败怪罪到千禧一代头上，要意识到我们才是商业的未来（比如 T-Mobile 和现在的斯普林特显然就做得很好）。最好的办法就是接纳我们，向我们营销。这是创收的地方，未来也是。斯普林特这一招儿挺聪明。"

但是，这给斯普林特带来了什么？

2017 财年结束时，斯普林特交出了公司历史上最好的财务业绩。一年内，它从净亏损 12 亿美元转为净收入 74 亿美元。

虽然不能将斯普林特的财务扭转完全归功于这次系列广告，但它还是起到了一定作用的。我们也能够从斯普林特的做法中学到很多，以适应与 Z 世代建立联系。

最重要的是，Z 世代对品牌的要求不仅仅是价格合理，产品可靠。正如 WP Engine 的玛丽·埃伦·杜根所说："Z 世代不购买品牌，而是加入品牌。"对于 Z 世代而言，追随一个品牌是对个人身份的表达，他们通常是满怀憧憬的，期望品牌（亲自以数字方式）创造出与此一致的感觉或体验，作为品牌的标志。"生命无限"系列广告没有试图以广泛的 5G 覆盖率来赢得 Z 世代的支持，这一点无须多言。它们通过为年轻的客户提供追寻梦想的工具（一部可靠的手机加上可靠的网络信号覆盖）而吸引了他们，这些年轻的客户希望与能为自己赋能来打破边界的品牌保持一致，最终真正实现不设限的生命。

在 Z 世代考虑加入某个品牌之前，他们需要感觉到自己能够把握品牌代表的含义。这涉及公司如何制造产品，该产品如何帮助客户实现什么目标，以及公司对社会责任的重视程度。Z 世代希望品牌能够反映他们的生活方式，或者他们渴望的生活方式。

Z 世代成员凯特告诉我们："我个人关注很多户外品牌。我关注安伊艾[⊖]（REI）和国家地理（Nat Geo）等类似品牌。我喜欢户外运动，喜欢安伊艾和所有装备里的户外美学。关注这些品牌，然后做做打算。我计划在大学毕业后去阿巴拉契亚山道徒步，所以仅是想一想这趟旅行并准备好装备就很有趣。

"我在 Instagram 上关注安伊艾，因为这有点像暂时的逃离。它不需要费很多脑子。在学校，我总是需要动脑筋。这就像我自己的精神假期。这真好，太放松了。"

凯特对品牌功能的认知与其他世代截然不同。实体产品只是安伊艾、国家地理和其他类似品牌吸引凯特的一部分。品牌的吸引力与其在社交媒体平台上反映的生活方式息息相关，甚至比它们所销售的产品更为重要。

凯特描述了她是如何成为户外运动人士的：

"这一切始于我在手机上看网飞和 YouTube。

"我完全被户外运动迷住了，我知道这听起来很奇怪，那会儿正在网飞上看《吉尔莫女孩》，里面的人物正打算去太平洋山脊国家步道徒步，我不知道那是什么，所以我查了一下。

　　⊖　安伊艾（REI），全球最大的户外用品连锁零售组织。——译者注

"那个节目在我心里埋下了一颗火种，然后我就开始超级迷恋户外运动。

"从那时起，我一直在关注YouTube上的一位徒步旅行博主，然后也看了一些她推荐的有趣视频。我经常关注她，因为她在徒步旅行时每周都会写博客。我看过她的视频绝对有数百条之多，因为她走过的每条步道都有上百条视频。"

与Z世代建立联系时，要注意他们在何时、何地消费什么样的内容。如果你已读到这里，那么你就知道他们会花多少时间埋头看手机。他们不会去看课堂网站上的作业，但是当老师在Snapchat上提醒他们做小测验时，他们开始全力学习。他们根本不关心广告牌，可能也永远不会留意只出现在有线网络电视上的广告，但是如果看到他们喜欢的YouTube或TikTok网红用了某个产品，或者Instagram上的一条帖子激起了他们的兴趣，该产品可能会立即出现在他们的愿望清单上。

对于Z世代来说，真实感受就是一切。他们不想被推销。他们在自己这一代人中形成了有影响力的网红群体，并且在其他任何时期都相信同伴的推荐，就是这样。

这都是好消息，因为与年轻买家建立联系的机会比以往任何时候都多。多听他们说说自己想要什么（既然他们愿意告诉我们，他们也会告诉你），以及在他们的地方（是的，在手机上）与他们建立联系。

客户旅程：Z 世代版

如果你在工作中考虑过销售和营销，那么你就对客户旅程的概念很熟悉了。这是客户在决定购买之前要采取的一系列步骤。

自猎人和农民以物易物时代以来，客户旅程的基本要素一直保持相对不变。如果你想争取一个长期客户，那么就需要让客户了解你所提供的产品，确定这就是他们想要的，他们选择购买，选择继续购买，然后理想化的状态是他们鼓励他人也去购买。

我们实现这些客户里程碑的方式在不断发展。过去几代人通过报纸广告、电视和广播广告，甚至黄页为品牌带来了知名度，但到了 Z 世代，所有这些媒介的重要性都在逐渐弱化，尤其是黄页。当公司试图将 Z 世代变成潜在客户时，市场环境已与 10 年前完全不同。由于我们已经帮助数百家公司赢得了 Z 世代的忠实客户，相同的主题一次又一次地出现，所以我们将相关内容编入这一 Z 世代版的客户旅程。

定位：你的故事是什么

每个品牌都必须先知道自己是谁，然后才能说服他人与它保持一致。在与 Z 世代建立联系时，这一点比以往任何时候都更为重要。甚至在没有考虑购买你的产品前，Z 世代就想了解品牌的立场。你有什么故事？你的目的是什么？你想解决什么问题？你的领导如何代表你的公司？你的品牌如何与世界互动以及如何看待世界？

Love Your Melon 是一家由扎卡里·奎因（Zachary Quinn）和布莱恩·凯勒（Brian Keller）创立的服装公司，两人都是千禧一代。这家公司始于 2012 年在明尼苏达州圣保罗市的圣托马斯大学创业班的一个项目，截至 2017 年年底，公司收入达到了 3150 万美元。公司的使命是"支持与儿童癌症做斗争"。他们从卖一件产品就捐赠一件产品的模式起家，这种模式在诸如汤姆布鞋（TOMS Shoes）和沃比帕克[⊖]（Warby Parker）之类的品牌中广为人知：每卖出一顶帽子，他们都会向患有癌症的儿童捐赠一顶。此后，他们的方式逐步演化。现在，他们将其净利润的 50% 捐赠给帮助儿童癌症患者的非营利性合作伙伴。自2012 年以来，Love Your Melon 已捐赠 6 214 565 美元和超过185 000 顶童帽。

Z 世代知道并非每家公司都提供如此明确的慈善服务。而且，他们并不希望每个品牌都会捐出 50% 的利润。但是他们确实想确认你有立场，想确认你的领导不仅仅只关心挣钱的问题。

参与度与认知度：你能提供什么，为什么他们想要

在客户旅程的这个阶段，Z 世代位于销售漏斗的顶部。你的任务是说服人们，你的产品适合他们，即便他们一时还不决定购买。

经典的营销策略在上一代人中可以奏效，但 Z 世代对此兴趣

⊖　沃比帕克（Warby Parker），美国互联网眼镜零售商巨头。——译者注

有限。同样，他们也不希望和广告牌、平面广告和电视广告扯上关系。他们更容易受朋友推荐的影响，这些"朋友"包括他们信任但从未见过、也可能永远不会见面的网络名人。

参与不仅意味着将品牌放在 Z 世代面前，还意味着更多。Z 世代关心的是价值，价值关乎他们消费的内容。参与包括提供一些"如何……"的教学视频、社交媒体摄影比赛或其他能建立关系的活动，与购买无关。沃比帕克眼镜一直都在 Instagram 上与客户保持有趣的互动。2019 年，他们与纽约公共图书馆合作，在 Instagram 故事版块推出了"图书馆琐事"游戏。粉丝们只要回答出关于纽约公共图书馆任一琐事的问题，就可以进入抽奖活动，并有机会赢得一副免费眼镜。

这个阶段也是与 Z 世代的愿望联系在一起的首次机会。安伊艾每次发布的在徒步时令人叹为观止的照片吸引了 Z 世代的注意，这就会与 Z 世代产生互动——通常早在 Z 世代向安伊艾购买水瓶之前。

参与度和认知度还包括在线广告、店内促销，首次试用时的即时优惠券，内容营销以及评级或评论。

建立良好的 Z 世代参与度和认知度至关重要，通常这是我们的客户需要做出最大改变的阶段。在本章中，我们将深入地探讨参与度和认知度。

首次试用：他们何时会决定首次购买

这是某人决定首次向你购买的时刻。Z 世代一次又一次告诉我们，他们重视轻松和低风险的购买体验。因此，企业让购买和退货都变得简单。

　　一键支付是Z世代的日常。事实上，对于Z世代来说，一键支付一直是他们购买在线商品的客户旅程中的一种选择。购物和付款所需的步骤越少，他们进行最重要的首次购买的可能性就越大。对于亚马逊来说，这意味着一键下单；对于其他公司而言，这意味着轻松创建账户以实现快速便捷的结账。此外，Z世代希望能够使用保存在他们的浏览器或电话中的预设支付账户，这样，当他们登录新网址并需要下订单时，他们不必寻找借记卡或其他付款信息。对Z世代来说，你的网站一定要易于付款和结账，因为如果当购物、选择和购买成为一项工作时，他们就不会去做。

　　零售商的支付方式最终将包括Z世代可以随时用于与个人交易的应用程序，如Venmo和Cash App。这不只限于在线交易，还包括与支付应用程序连接的零售商，因此客户可以在店内购买商品。请记住，Z世代中的大多数人还很年轻，无法使用信用卡（或不想要信用卡），不携带现金，有时甚至没有实体钱包！企业明智的选择是去适应，并尽可能使支付方式变得简单（无论是在线支付还是到店支付）。

　　让退货变得简单与购物体验一样重要。通过让退货变得容易且无风险（与传统零售商的方式恰恰相反），Z世代可以更加自信地在线上进行首次购买，并且无须试用就可以购买商品。只要把商品装在同一个盒子中退回就获得全额退款（包括免费送货），可以为你的客户减少麻烦和风险。对于当今的所有网购者来说都是如此，但是随着 Z 世代客户影响力的增加，轻松免费的退货将成为常态，不遵守这一规则的公司将受到影响。纳瓦尔[⊖]（Narvar）的消费者研究显示，96％的购物者会基于良好的退货体验而再次光顾一家零售店；69％的购物者表示，如果必须为退货支付运费，他们将不会从该零售商那里购买商品；67％的购物者表示，如果要支付退货费，将不会从该零售商那里购买商品。

对于 Z 世代而言，不管是新的床垫、汽车还是牛仔裤，简单的退货流程减少了购物压力，也让我们所有人对点击购买键更有信心。

建立忠诚度：什么会促使他们继续购物

如何让 Z 世代再次向你购买？在与 Z 世代的对话中，品牌忠诚度不只取决于优质的产品或良好的服务体验。这些都是基本要求，无论如何都是被予以期待的。对于 Z 世代来说，品牌忠诚度与品牌的使命、员工和品牌的影响力相一致，然后让再次购买、购物或用餐变得更加容易（并通过诸如 Dosh 应用程序立即获得回报）。如今，品牌忠诚度尤为重要，因为 Z 世代客户（以及所有客户）可以一直寻找更便宜的选项。那么，什么可以让他们重复购买呢？品牌的内涵，品牌传递内涵的方式，以及彰显积极影响世界的方式。这从品牌的定位开始，贯穿参与和认知的发展，如果能持续地、透明地以高质量的内容发展，就会建立起客户忠诚度。

⊖　纳瓦尔（Narvar），一家位于加利福尼亚州圣布鲁诺的创业公司，致力于为电商解决各类售后问题。——译者注

随着越来越多的 Z 世代成员发挥他们的消费影响力，这种忠诚度将变得越来越重要，并且很快他们将为品牌、产品或服务带来最大的终身价值。建立品牌忠诚度意味着始终如一地提供 Z 世代期望的有形体验（例如价值、购买和退货的便利性），并与他们认为应提供的无形体验（例如产品以外的东西）保持一致。

随着 Z 世代的消费能力扩展到更多种类的商品，购买更昂贵的商品，品牌忠诚度将比以往任何时候都更为重要。即使传统品牌也认识到，仅将注意力集中在老一代身上无法维持下去，更不用说实现增长了。每家公司，无论是初创公司还是老牌公司，都必须从现在开始重新调整产品，以赢得 Z 世代的忠诚度。

推荐：Z 世代鼓励他人购买的可能性有多大

口碑营销，尤其是拉动直接推荐的口碑营销，仍然是在 Z 世代中推动直销最有影响力的方式。那么，品牌领导者需要了解什么才能让 Z 世代正确认识它们的品牌？首先，要认识到 Z 世代可能没有真正购买或体验过你的产品或服务。即使 Z 世代没有去鞋店或实体店，但他们在 Instagram 或 Snapchat 上说"我喜欢那双新的耐克"或"这个地方看起来很棒"的时候，也可以推动销售！当然，最有影响力的直接推荐是通过社交媒体，让 Z 世代中的实际客户影响到同龄人，鼓励这些推荐人或激励推荐既是一门艺术，也是一门科学。

获得 Z 世代推荐最简单的方法是——请他们告诉自己的朋友，他们是否喜欢你的产品、服务或者品牌的内涵和使命。当他们发帖时，即便只是表情符号、火焰或火箭飞船的图标，也要快速做出回应，表明你注意到了，但不要太刻意。对于 Z 世代推荐人，如果他们带朋友来回购，你可以提供折扣、优惠券或者直接予以奖励，这些方式都行之有效。最好的推荐仍然是由一次良好的购物体验带来的，但是，让他们花 5 秒钟时间通过 Snapchat 同朋友分享他们的体验，是在 Z 世代聚集之处（数字平台）推广的好方法。

引起自发推荐的另一个办法是，你在数字平台上分享有价值的内容，以及分享别人转给你的内容。当 Glossier 发布与某个名人或美容编辑合作的一条"和我一起准备"的视频或者一条修眉的教学视频时，参与的观众在分享这条视频时自然也会提及这个品牌。这种方式让认知度、参与度和推荐之间的界限不那么分明。

想一想将你的品牌整合到可共享内容中的方式，无论是你创建的还是合作的内容。Park Tool[○]是一家设计和制造自行车维修产品的公司，它与 Seth's Bike Hacks 的山地自行车网红塞斯·阿尔沃（Seth Alvo）合作，将参与度、认知度与自发推荐相结合。Park Tool 会定期向塞斯的家庭店铺寄送一些工具；它还邀请塞斯参观它在明尼苏达州的总部，并制作了录像带。这意味着 Park Tool 的标识——蓝色手柄会出现在塞斯的大多数的教学视频中，而塞斯在总部参观的视频也在他 160 万名粉丝中广为传播。Park Tool 还有自己的 YouTube 频道——有 30 万粉丝，每

　　○　Park Tool，一家自行车专业工具研发和制造商，总部位于美国。——译者注

个视频都侧重于讲解自行车的维修。它的视频每分享一次，都是一次自发的推荐。品牌认知度、参与度、信任度和忠诚度需要在购买行为之前就建立好。当需要购买时，看过那些视频的骑行者就会被吸引去购买 Park Tool 的产品。

客户旅程的每一步都是重要的，但我们发现，参与度和认知度是企业需要做出最大调整，也是最为困扰的部分，不过也是蕴含最大机遇的地方。在决定购买之前，Z 世代通常会在这个阶段徘徊数月之久，在此过程中，他们对品牌的看法也时常受消费内容的影响。让我们更进一步，看看决定 Z 世代对公司参与度的因素。

第 9 章

Z 世代的参与度和认知度

> 我最近买的所有东西，都是因为我看了一个 YouTube 视频，又看了一个相关的推荐视频。我最后买了洗面奶，因为我在 YouTube 上看杰姬·艾娜（Jackie Aina）的视频，她用的牌子是德美乐嘉（Dermalogica）。
>
> ——Z 世代

2018 年，贾森·库克（Jason Cook）和他的营销团队正在寻找新的方法来吸引人们申请贝勒大学（Baylor University）。库克最近加入这所大学，担任首席营销官，他的任务很艰巨。前些年，因为对该校橄榄球队成员的性侵指控，贝勒大学登上了全美新闻头条。尽管贝勒大学此后做出了重大改进，以加强校园的安全和安保，但管理层明白，他们需要付出努力，重新定位自己的品牌，并赢得 Z 世代的信任。

当库克和他的团队在思考营销策略时，团队成员注意到一对 YouTube 博主——同卵双胞胎布鲁克林·麦克奈特（Brooklyn McKnight）和贝利·麦克奈特（Bailey McKnight）。她们在视频中提到了贝勒大学。这似乎没什么大不了，不过布鲁克林和贝利碰巧有 600 万粉丝。

贝勒大学是布鲁克林和贝利的首选学校，她们已经使用视频的方式，向数百万名观众展示了她们的大学搜索之旅。这听起来是个梦幻般的营销场景，但库克和他的团队没有行动。时机未到。

"大约 7 个月后，"库克和我们分享道，"布鲁克林和贝利已经通过我们的正常渠道被录取了，我们也听说她们有兴趣入学。因此，我们开始考虑如何与她们合作，以激发人们对贝勒大学的兴趣。"

故事就这么开始了。随之而来的是布鲁克林、贝利和库克的营销团队之间更具活力的合作关系，而非一份推广学校的协议。姐妹俩同意，帮助贝勒大学了解如何更好地与她们这一代人建立联系。

"在某种意义上，高校营销的方式已经过时了，"库克说道，"它的特点是千篇一律，很难区分不同的机构。我们知道，通常由高校推动的传统营销技术无法真正触达 Z 世代。因此，我们很高兴与布鲁克林和贝利联系，向她们学习成功吸引 Z 世代的方法。"

库克认为布鲁克林和贝利让自己注意到了 Z 世代的两个关键影响：视频在个体互动层面的威力，以及这一代人对新体验的兴趣。

布鲁克林和贝利拍摄视频，展示她们在贝勒大学的日常滑稽行为，粉丝们观看了她们搬进宿舍、加入姐妹会和参加第一场校友返校日橄榄球赛的情景。这是个性化的，是经验驱动的，库克和他的团队使用这种方法融入与学生沟通的方方面面。

"在校园里，我们重构了校长与学生沟通的方式，她非常注重体验，"库克分享道，"在今年开学的第一天，校长在自家的前门廊，向路过的学生分发冰棒。校长没有邀请大家前往学生会喝咖啡，顺便和她见个面，而是让大家按照自己的方式参与进来。"

贝勒大学还改变了它与学生的书面交流方式。曾经每学期校长只会给大家发一次长篇邮件，而如今它已经放弃了这种方式。现在，学生们每周四都会收到校长来的邮件，通过五个要点，提示大家重要的消息。这种方式更加个性化，符合学生通常的阅读习惯（例如在手机上），很容易阅读，并且培养了学校与学生的长期关系。

无论你是尝试招募 Z 世代的大学申请者，还是希望他们在你的餐馆吃饭，抑或想卖给他们一款新型运动短裤，这都无关紧要。

我们和其他机构的研究一致证实，在Z世代中建立认知度和参与度的最佳方式，是通过坦诚的和个性化的关联。有很多方法能够实现这个目标。坦诚可以来自一个朋友的真诚转发，这个朋友也许是现实生活中的，也许是Instagram上的好友。个性化方法可以成为一种针对性很强的广告，让潜在客户明白，你正在关注他们的需求。

正如库克和他在贝勒大学的团队所发现的，从树立意识到创造个性化的客户体验，对于你所做的每一件事，如果你抓住一切机会，融入坦诚和真实，那么都会增进你与Z世代的关系，并将他们转化为忠诚的追随者。只要你出现在他们感兴趣的地方，并且努力与他们的生活经历相联系，那么Z世代会愿意听听你想说什么。

Z世代购物的影响因素

> 我经常使用Snapchat，让我的朋友参与到我的购买决定中。我去过一次沃比帕克，它家的眼镜有点贵。我去了商店，是因为我不想在网上订购，我希望试戴。我试了很多款，并用Snapchat和朋友们分享了照片。对于朋友们觉得好的款式，我拍了照片，回家之后再做购买决定。真像是做了一笔大买卖。
>
> ——Z世代大学生

在这个产品和服务的选择似乎无穷无尽的时代，我们的研究揭示了吸引和留住 Z 世代客户最重要的因素。如果你理解了这些因素，你就能够设计一套品牌、销售和营销策略，它将适用于你的产品和关键销售渠道。

在我们的《2018 年 Z 世代现状研究》中，我们发现，朋友和家人对 Z 世代的购物决定影响最大。紧随个人影响者之后的，是品牌平台本身。在影响 Z 世代做出购物决定的品牌中，亚马逊、耐克和阿迪达斯被提及得最多。其中可能包括亚马逊的人工智能，它不断分析数据，并利用这些信息向我们推荐产品，我们甚至都不知道自己需要或想要这些产品。接下来，社交媒体、名人和网红的组合名列前茅（见图 9-1）。

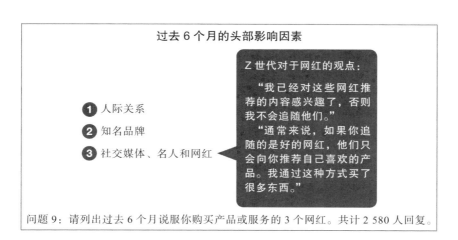

图 9-1　影响 Z 世代购物决定的因素

这一代人在第一次购物之前会向他人寻求建议。因此，企业需要让 Z 世代的朋友和家人谈论产品或服务：如果是受同龄人影响的消费（如服装和餐馆），就让朋友谈论；如果是选择银行或昂贵的消费者技术，就让父母谈论。仅仅指望广告是不行的，你必须打入 Z 世代影响者所在的社区，从而创造或支持一个品牌、产品或服务。

创建线上口碑对话的最佳方式是借助于科技，包括评论、社交媒体帖子和互动，并提示购买者发一篇评论或者在线分享他们的购物体验。在基本层面上，这可以包括一个五星级评分系统，以便人们能够尽可能快地评价，之后能够添加额外的评论、照片或视频。千禧一代确实是推动评论的先锋，但现在 Z 世代已将评论作为许多产品和服务的最低要求，尤其在首次购买的时候。评论对 Z 世代的购物决定有着巨大的影响，我们 2019 年的全美研究显示，70% 的 Z 世代没有购买他们真正想要的东西，因为他们看到了差评。

如果你希望 Z 世代来评论，那么就需要让他们轻松地发布评论，之后你应该快速回复，感谢他们的分享。这样你就创造了 Z 世代评价者想要的快速反馈循环。你也能够向他们和任何看评论的人展示，你真正阅读了评论，并亲手回复，而非照搬模板。事实上，当你感谢 Z 世代时，他们经常会再次回复你，这为他们的积极评论提供了更多的动力。换句话说，和 Z 世代打交道时，对于他们的好评要击掌致意，并感谢他们分享体验。

除了让评论变得容易（并提供快速的击掌致意），你还要创造值得分享的时刻，让 Z 世代和他们的影响者谈论你的产品、服务及其使用体验。这可能包括餐馆里意想不到的艺术或视觉装置，使用之后会发起慈善捐款的标签，周六将人们聚集在一起支持当地事业的快闪活动等。

当你发布一件产品时，值得分享的细节可能包括向一组关键影响者（例如 YouTube 博主、Instagram 用户或你的忠诚度项目中的 VIP 客户）进行夸张的交付演示。你也可以考虑创意包装——它会激发人们拍摄开箱视频，或者让你能够以有趣的方式为产品拍照，发布在 TikTok 上。

服务体验也很有可能成为社交媒体议论的话题。如果你想出租公寓，可以考虑把看房的过程变得出奇地有趣，并配置别致的生活设施。你可以在厨房设置甜品吧（配上适合在 Instagram 上晒的彩色点心），并在整个公寓内放置醒目的便笺，当潜在客户在公寓内走动时，这些便笺便会凸显公寓的特色（"从客厅的窗户看看市中心的景色""抬头看：翻新的锡皮天花板与 20 世纪中期的现代壁炉形成了奇特的互补！"）。如果你通过爱彼迎出租房间，你可以给房客提供一张地图，上面写着"寻宝游戏，像当地人一样了解这里"，并附有自制的小问题。

出其不意和视觉化是吸引 Z 世代的关键，同时将他们的智能手机融入体验，而不是期望他们将手机放在口袋或钱包里（他们也不会这么做）。对于 Z 世代中最年轻的成员（12 岁及以下成员）来说，使用在线广告和校园合作伙伴，通过父母与他们建立联系，仍然是创造初始认知和对话的有效方法。原因是什么呢？Z 世代中最年轻成员的父母是 X 世代和更年长的千禧一代。为了触达 X 世代和千禧一代的购物人群，传统媒体、营销和数字渠道仍然是影响他们为孩子推荐和购买商品的最有效方式。特别是在社交媒体推送中，简短、有针对性的视频通过提供内容、背景和快速的"惊艳"洞见或视角，成为影响这些父母的好方法，让他们想了解更多提供给自己 Z 世代儿女的产品或服务的信息。

随着 Z 世代年龄的增长，他们的父母将仍然是重要的影响者，但 Z 世代也将得到更多的自由来购买自己想要的东西。

移动即一切

你现在明白了，想要触达 Z 世代，移动渠道是远远优于其他渠道的。Z 世代与他们的智能手机密不可分（不幸的是，我们的研究表明，如果离开手机仅 15 分钟，他们的焦虑就会加剧）。Z 世代对手机有着深厚的情感依赖，这让手机成为触达他们的第一个关键渠道，无论他们在哪里，何时准备好参与互动。正如我们将在接下来的章节中看到的，Z 世代对移动设备的依赖已经体现在职场和市场中，这在他们眼中已是常态，所以，即使是 B2B 公司，也需要转向移动优先战略，如果它们还没有这样做的话。

对于许多传统品牌来说，移动设备可能会带来一层复杂性，因为它们的数字体验是为更大的屏幕或前几代人设计的，所以转向移动优先的成本和时间成本可能会很高，但是这种投资绝对值得。我们的许多客户已经惊讶地发现，他们的网站上有大量来自移动端的流量——他们现在通常有超过 50% 的流量是通过移动端，而且在他们的实体店中（如果有的话），伴随着手机比价购物的盛行，手机的使用也越来越多。我们的研究表明，70% 的 Z 世代和千禧一代在实体店看实物的同时，会在手机上查看价格。事实上，我们许多客户的网站流量主要来自移动设备，但他们的网站只是"移动友好"的。

　　朋友们，仅移动友好是不够的。如今的品牌必须移动优先。

　　为了了解你的移动现状，我们建议你召集和观察一群从未使用过你的网站和数字产品的 Z 世代。你会对他们浏览网站的方式感到震惊。我们为世界各地的品牌做了这项工作，即使是最顶尖的科技公司也感到震惊，传统品牌则是惊掉了下巴。关键问题是，Z 世代过去不可能出现在你的网站、平台或应用程序上。这些"新鲜的视角"可以暴露出许多其他世代（尤其是熟知一切应当如何运转和关键导航如何分布的人）看不见的故障、差距和变通办法（在我们团队的代际研究者的观察下更是如此）。Z 世代希望一切都非常简单直观，如果不是这样，他们将转向另一个数字选项。

　　移动优先也很重要，因为与传统的大屏幕显示体验相比，搜索引擎更倾向于优先考虑移动体验。通过对移动体验进行优先排序，搜索引擎试图为用户的手机搜索提供更好的结果。用手机在搜索引擎上找东西，但是进入网站后却不能轻松地浏览，这尤其令人沮丧。大型搜索引擎已经意识到这一点，并希望提供用户体验更佳的搜索结果，因为这对它们的用户、内容提供商和客户来说是多赢的。

视频和视觉即广告

从很小的时候起，Z世代已经习惯于成为视觉学习者和购买者，有些人是从第一次在父母的iPhone上观看YouTube视频开始的。父母不断地给他们拍照片，陌生人不断地在他们周围拍照片，Z世代已经被淹没在其中了。他们已经习惯使用YouTube搜索信息，而非谷歌，并且他们搜索出的问题答案是一条条视频。所有这些无穷无尽的照片和视频，无论是父母制作并在脸书上分享的、YouTube的学习资料，还是TikTok的娱乐信息，让视频和视觉效果成为触达Z世代的渠道。

"Z世代是第一代首先利用互联网娱乐、其次利用互联网获取信息的人，"WP Engine首席营销官玛丽·埃伦·杜根分享道，"并且差别很大，73%的婴儿潮一代、69%的X世代和59%的千禧一代上网首先是为了获取信息。但是72%的Z世代指出，他们上网是为了娱乐。"

杜根指出，Z世代对互联网的"娱乐优先"态度意味着品牌需要考虑它们的娱商（entertainment quotient），这可能是有史以来第一次。

"大多数品牌考虑的是它们的内容是否有信息量，以及它们是否针对正确的受众，但它们没有考虑娱乐人们。这是影响Z世代的一个重大因素，"杜根说道，"你的品牌有趣吗？它严肃吗？你想用来吸引Z世代的娱乐元素是什么？如果你不懂得如何第一时间娱乐这一代人，俘获他们的心，你可能会非常快地失去他们。"

斯普林特通过"生命无限"运动传递的信息来实现娱乐性和灵感激发，它直奔 YouTube 和社交媒体，那里聚集着 Z 世代观众。阿迪达斯重新在 Z 世代中大受欢迎，部分原因是它与艺人斯托姆齐（Stormzy）的合作。这位英国说唱歌手与阿迪达斯合作推出了一系列新的运动服，搭配原创音乐视频，其中斯托姆齐穿着阿迪达斯的衬衫和鞋子，实现了广告的娱乐化。

谈到向 Z 世代做广告，视频和视觉效果是至关重要的，甚至比广告使用的渠道更重要。品牌方必须在开场第一秒"惊艳"到 Z 世代，否则，他们将会快速跳过。有意思的是，当 Z 世代看到自己喜欢的视频广告时，他们会转发、评论和分享，因为对他们来说，打动自己的广告是另一种可以互动的内容形式。品牌经常在高度情感化的广告中发现这一点，比如关于身体形象的广告，以及符合 Z 世代当前生活阶段和经历的情感起伏的广告。近年来，引起巨大共鸣的广告包括起亚（Kia）的"伟大的未知"（Great Unknowns），其中起亚承诺数百万美元的教育捐赠；Axe 的"赞美"（#PraiseUp）运动，敦促男性摒弃有害的直男思维，称赞彼此与众不同之处；微软的"我们都是赢家"（We All Win），展示了它的游戏机自适应控制器如何提供更包容的游戏体验。对于寻求吸引和留住 Z 世代客户的品牌来说，制定一个能够在不同平台上使用的视频和视觉广告策略至关重要，尤其是一个目标明确、易于衡量的战略。

对于品牌领导者来说，一项核心原则是：一定要展示和赞颂代表这一代人的多样性，在 Z 世代购物旅程中的正确时间和地点投放广告（或者激发出来一个），并在视觉上强调品牌背后的为什么，以及 Z 世代为何要参与其中。

为了更快地建立信誉和提升客户兴趣，请让你的消息高度可视化，使用更少的文本，并融入更多使用你的产品的 Z 世代客户和影响者的视频和图像。广告必须第一时间产生吸引力和娱乐性，这样才能让 Z 世代被你的故事打动。

服装、运动、音乐、食品与 Z 世代文化的融合

在我们对 Z 世代的研究中，一个有趣的趋势持续出现，那就是服装、运动、音乐、食品与 Z 世代文化的融合。现在，名人代言食品和服装并非新鲜事物——我们老一辈的有些人早在 1984 年就开始穿飞人乔丹篮球鞋（Air Jordans），迈克尔·杰克逊（Michael Jackson）在 1983 年首次说服我们喝百事可乐很酷。但这种现象由来已久，对于 Z 世代，你当然不需要通过签约大明星或投入数百万美元的广告预算来提高品牌认知度。有时候，创造一种有趣的新体验，或者联合一个与你的客户细分群体重合的 YouTube 博主，就足够了。

服装、运动、音乐和食品的融合也为以有趣的方式吸引和影响 Z 世代打开了无尽的选择之门。

塔可钟（Taco Bell）通过加利福尼亚州棕榈泉的一家快闪（Pop-up）酒店将这一概念发挥到了极致，酒店仅在 2019 年 8 月 8～12 日营业。酒店本身就是一次完全沉浸式的塔可钟体验，信

不信由你，随手一拍就可以上传 Instagram，例如辣酱包抱枕、泳池漂浮玩具以及酒店房间墙上火红的壁画。音乐表演持续整个周末，表演者包括 Wallows、弗莱彻（Fletcher）、Whethan 等（他们都是 Z 世代成员）。塔可钟还设置了一个现场沙龙，提供肉桂麻花辫（Cinnamon Twist Braids）、巴哈美甲（Baja Manicures）和游戏 Fire Fades。它还开设了商店，客人可以购买整个衣柜的塔可钟品牌服装。

塔可钟向公众开放了 70 个房间，2 分钟内就售罄。似乎它的大计划是让 Z 世代影响者，尤其是 YouTube 网红，呆在酒店里，与他们的观众分享体验。那么效果如何呢？塔可钟受到了年轻观众的热烈追捧。化妆师、网红和企业家杰弗里·斯塔尔（Jeffree Star）住在塔可钟酒店，他在自己的频道上发布了一段 29 分钟的视频，记录了每一个细节。不知道斯塔尔是谁？他的 1700 万 YouTube 粉丝当然知道，他的视频在发布后的 6 周内观看次数超过 1000 万。

eHotelier 网站多年来一直建议酒店挖掘自身的社交媒体潜力。网站建议经营者们为酒店配备有创意的照明、兼收并蓄的特色、奢侈品、主题房间等，以鼓励拍照和分享。宜家出人意料地进入了酒店市场，它在瑞典的新商务酒店似乎将兼收并蓄发挥到了极致，酒店中满是适合拍照的场景，同时也吸引了注重预算的 Z 世代。虽然宜家从 1964 年开始涉足酒店业务，但事实证明，全新的酒店采用了太阳能电池板、LED 灯和回收材料，这成为它的特色。

不是每个品牌都能提供这种沉浸式体验，当然也不需要。但是一定要考虑如何将你的品牌承诺与他人的品牌承诺结合起来，以情感和感官的方式展示与 Z 世代联系在一起的生活方式、价值观和生活哲学。

亚马逊成为搜索首选

亚马逊正在寻找 Z 世代。随着 Z 世代的成熟，亚马逊正在解决原先的诸多低效问题，以创造一种更无缝的移动体验，从亚马逊 Prime、一键下单到当天送达，再到 Z 世代玩游戏的同时，通过 Alexa 语音下单。随着每一项创新的产生，亚马逊通过简化、扩大搜索、产品评论，以及如今的亚马逊物流（Fulfilled by Amazon）业务和收购全食食品（Whole Foods），不断深入 Z 世代的生活。随着亚马逊进一步解决客户的挑战，包括通过语音命令扩大和提高客户参与度，它为 Z 世代提供了更好的购物体验，他们已经忘记亚马逊存在之前的时代了。

因此，只要品牌和产品想出现在 Z 世代的搜索雷达上，亚马逊就是它们的必争之地。Z 世代将跳过谷歌，打开他们首选的网络浏览器，直接进入亚马逊，输入或说出他们想要的东西，接着找到产品和推荐的选项。这已经出现在我们组织的许多对话中。通过让 Z 世代从很小开始就适应语音下单，Alexa 让一切变得更加容易，全程都无须打字（更不用说学习拼写了）。

至少，每个直接面向客户的品牌都应该有一个亚马逊战略。

这可以简单到直接在亚马逊上提供产品。如果你是个人或小型服务企业，你的亚马逊战略可能包括为其他服务商编写和提供电子说明书，这样你会在自己擅长的领域（例如管道维修或结婚蛋糕制作）作为专家出现。如果亚马逊上没有你的产品，因为你直销给客户或者通过其他渠道销售，你依然要认识到你的竞争对手是亚马逊本身，而不仅仅是这个平台上的品牌。通过研究如何与亚马逊竞争，以及如何与竞争对手区别开来，你可以更好地了解市场，并且找到脱颖而出的方式，例如通过客户服务、公司宗旨，或者建立一个狂热粉丝组成的在线社区。

网红

目前为止，你可能已经得出结论，网红是 Z 世代的信任货币。他们当中包括名人和知名艺人，例如金·卡戴珊、巨石强森和波兹·马龙（Post Malone），但也包括目前不太知名，但可能会更有影响力的产品、服务和生活方式的网红群体。名人可能通过每个 Instagram 帖子或 YouTube 视频抢占头条，驱动销量，但他们也会为向自己的社交媒体或线上粉丝群推广产品或服务收取巨额费用。这种矛盾带来了一个有趣的挑战，即网红显然会从推广一种产品或服务中获得报酬，但他们也受到 Z 世代的信任和追捧，为他们提供购物的建议。但是网红会继续带货，而且是以一种越来越透明和可衡量的方式，这意味着希望触达 Z 世代的品牌应该强烈考虑网红战略。事实上，"网红中介"已经发展成为一个产业，目的就是促进这种商业关系。

对于许多品牌、营销人员、制造商和服务提供商来说，一个更经济实惠、投资回报率更高的解决方案是与众多影响力较低的网红合作，他们已经建立起互动性高的线上粉丝群，其中包含5000～10 000名类型匹配的粉丝。甚至拥有1000名粉丝的Instagram博主（被称为"纳米网红"）现在也获得了赞助协议。纳米网红推广的东西无所不包，例如衣服、汽车零件、炊具、营养品、最新视频游戏等。选择与合适的网红互动，可以立即赢得许多Z世代的认知和信任，并且更加经济高效和持续地触达Z世代的部分成员，他们选择追随一个网红，因为气场或使命契合，或者喜欢网红所解决的挑战。

随着网红营销的发展，以及Z世代年龄的增长，我们预计Z世代将推动更大的透明度，因为他们开始寻求购买高价商品的指导。他们将从购买网红推荐的化妆品和衣服，发展到开立银行账户、选择保险和购买汽车。顶级网红已经开始与提供高端产品和高终身价值服务的公司合作，例如碧昂斯投资了Acorns（一个投资平台），史努比·狗狗（Snoop Dogg）推广Robinhood（另一个投资应用程序）。

当Z世代决定购买时

当谈到品牌互动、销售和增长时，整个客户销售旅程的终点必然是购买。这种首次购买或首次试用，最能验证Z世代客户是否对提供给他们的产品或服务有足够的信心，也就是他们是否会点击"购买"按钮、刷借记卡、用 Apple Pay 支付，或者在虚线上进行数字签名。但到底是什么因素推动了如此重要的首次购买呢？这是我们在《2018 年 Z 世代现状研究》中探讨的问题。我们确定了首次购买的五个关键驱动因素。

影响首次购买的第一个驱动因素是价格。这与 Z 世代在财务上的保守和实用相一致，他们习惯于立即对几乎每件商品进行比价——无论是在其他地方出售的同一商品，还是对可能具有相同功能的替代品的推荐。

第二个驱动因素是易于购买。这包括是否在线上或线下能够轻松找到商品、结账，以及配送或接收商品的容易程度。这就是为什么我们与客户一起努力，让购物体验变得简单和一致。我们发现的一个巨大盲点是，在线零售商要求太多的步骤来完成首次购买。步骤越多，Z 世代最终没有按下结账按钮的风险就越高。实体店也是如此。如果在店里难以浏览商品，收银台排起长龙，或者支付方式有限，它们就给 Z 世代客户制造了不必要的障碍。这个发现也有个例外。在旧货店，淘物和谈成好价钱的兴奋感是体验的一部分，能提供给 Z 世代一种真实性和价值感。

第三个驱动因素是在线评分和评价，我们将在后面展开讨论。

第四个驱动因素是易于退货。Z 世代已经成年，能够把他们在网上买的东西放回包装盒，再退回去，或者要求把网上买的床垫配送到家，试用后发现不喜欢，于是把床垫捐给慈善机构，并拿回他们的钱。甚至汽车现在也很容易退货，这完全改变了人们对昂贵和廉价产品退货容易度的预期。退货的便利性是一个关键的隐藏驱动因素，因为它影响了首次购买新产品或服务的决定，如果选择错误，是否会出现进退两难的风险（包括真实的和感知的风险）。

　　第五个驱动因素是之前购买或使用过该产品的人。获得个人推荐类似于在线评价，但影响更大，因为这种推荐来自信任的人。这也有助于缓解 Z 世代首次购买的压力，尤其是当他们长大成人，进行许多与人生阶段相关的采购时，比如购买沙发、预订酒店房间或选择公寓。曾经的购买者、租赁者或使用者的个人推荐会降低当前购买者的不安全感，增加他们的信心。

推动正面评分和评价

> 如果我通过 YouTube 评论发现了一款产品，并且我第一次听说它，那么我必须在谷歌上搜索一下，看看其他人是否说了一样的话。
>
> ——Z 世代焦点小组参与者

　　在购买产品或服务时，无论是在线购买还是越来越多的实体店内购买，评分和评价会让 Z 世代踌躇不定。这不仅适用于更昂贵的物品，如服装、汽车、信用卡和消费者技术，甚至适用于日常低成本的购买决策，例如选择餐馆（如 Yelp）、决定看什么电影（如网飞）、租看一部电影 24 小时（如 Amazon Prime）或租住一套公寓一整年（如 ApartmentRatings、Renter's Voice 等）。

那么评论对 Z 世代有多重要呢？

在我们的《2018 年 Z 世代现状研究》中，我们发现 68% 的 Z 世代在第一次用自己的钱买东西之前，至少阅读或观看了 3 条评论。考虑到他们还很年轻，这个数字已经非常高了，说明他们在购买前已经做了很多研究。事实上，16% 的 Z 世代在第一次用自己的钱买东西之前，会阅读或观看 9 条或更多的评论。这个数字在 Z 世代女性中甚至更高，其中 21% 的人表示，她们会阅读或观看至少 9 条评论。他们的观点是：评论为购买产品或服务的人提供了人性化、真实感、验证和社区感。这种评论甚至可以抵消最大的广告支出，因为人们在观看它们时，知道自己所感知的信息是真实的，而不是品牌希望他们相信的。

随着 Z 世代购买量的增加，他们也更加明智地比较评论的来源。一位 Z 世代焦点小组的参与者解释道："在 YouTube 上，对于多种产品，你必须交叉参考不同的产品评论。"Z 世代意识到评论是可以被操纵的，比如通过花钱让网红唱赞歌，给写好评者赠送小礼品，甚至直接雇人或招募程序员刷五星和好评。为了对抗这种有现实可能性的评论操纵，Z 世代明智地进行跨平台查看，挖掘产品或服务的真实情况，对于重要或昂贵的购物来说尤其如此。Z 世代会查看 YouTube 上不同人的多个视频，阅读亚马逊上的评论，并浏览包含产品或服务名称以及"评分"或"评价"关键字的谷歌搜索结果。

如果你将要向 Z 世代销售，展示诚实的和最新的评论、视频和推荐是至关重要的。这不仅适用于日常购物决策，如餐馆或送餐服务，也适用于更大型的购物，包括寻找下一套公寓。如果公司寻求来自 Z 世代的首次购买与持续信任，那么无论它们规模如何，积极致力于评论的工作是非常重要的。

事实上，在我们的《2017 年 Z 世代现状研究》中，我们发现 78% 的 Z 世代在过去 30 天内至少使用过 1 次在线评论来购买商品。

Z 世代现在每年支出数十亿美元，他们的消费在未来几十年内只会继续增加——他们对其他世代支出的影响将会呈指数级增加。现在了解 Z 世代的消费心态将让你能够立即采取必要的行动来释放这一代人的购买潜力，同时也为他们对其他世代的影响做好准备。

第三部分

ZCONOMY

Z 世代如何改变工作世界

第 10 章

让 Z 世代员工有一个良好的开始

> 在我眼里，挣钱真的很重要，存钱是为将来做打算。我在学习金融理财上投入了很多。说心里话，我想有钱，这样我就可以投资，以后就能做更多的事情，而不被束缚。
>
> ——亚历山大，16 岁

里基 16 岁时开始寻找他的第一份工作，他希望可以帮父母承担一部分房租费用。他告诉我们："我也想买些东西，像父母宠我一样宠他们。"

所以他拿起手机，用谷歌搜索雇用 16 岁年轻人的公司。很快，一个快闪汉堡（In-N-Out Burger）新门店的招工启事进入他的视线。他在手机上填了申请，很快他就收到回电，邀请他去面试。

"在面试时，他们告诉我，他们认为我会和客户相处得很好，于是他们当场雇用了我。"

里基对在快闪汉堡工作的第一反应是完全不知所措。"我们主要关注的是顾客以及我们汉堡和薯条的质量。这让人压力很大。你看到排队的人了吗？既要在免下车（drive-through）柜台工作，又要在薯条柜台工作，真的不轻松。"

尽管工作强度高，里基的经理们还是创造了一个让他想要留下来并出类拔萃的工作环境。"如果我的老板走过来对我说，'顺便说一句，你做得很好。我看到你在高压环境下也很冷静，尽了最大努力'，这会让我觉得自己做得很好。我可以冷静下来，开始更多地关注如何做得更好。"

"对于一个高中生来说，获得收入是件大事。我是他们的第一个员工，我很害怕，因为培训我的人都是更高水平的。我想，我是一个高中生，他们可是成年人，他们会对我评头论足吗？"

但是没有人对里基评头论足，他得到的是指导。"他们告诉我，如果你想更快地升职，要学会这个、这个，还有那个。"

在快闪汉堡的工作中，里基最喜欢的一点是，他可以尽可能地快速成长。员工学习意愿越强，就能越早得到提拔，接着便能得到更多的指导。

里基解释道："得到晋升后，你会先看一段视频，然后他们会和你一起做，并告诉你如何做每件事。接着你要去独立完成。如果你做对了，就会感觉更好。你会想：好的，我可以做到。然后你会变得独立，也更加镇定自若。你的工作开始更熟练，像是大脑的条件反射。你会想：好嘞，就这么做！"

"我的经理就像母亲一样。他们像家人一样照顾我，所以我感觉自己像在家里。我的经理总是欢迎我，经常进入柜台，看看我的工作是否顺利。我们真的很亲密。"

Z世代对于雇主要求的许多方面，都可以从里基的经历中反映出来：他们想要一个快速、方便移动的申请程序；他们希望借助于技术获得晋升、学习和指导的机会，例如针对每个岗位的手机端培训；他们希望经理能在个人层面予以关心，并明确表示不会评判他们。具有上述品质的雇主，在招聘涉世未深的Z世代时具有显著的优势。但是，在我们深入挖掘每个要点之前，先来看下我们的广泛研究中关于Z世代和就业的关键洞见。

Z世代想工作。他们希望努力工作。他们希望在一家稳定的公司工作（这是真的，他们并非全部选择零工经济而放弃传统工作）。他们并非都想成为YouTube明星，许多人希望有实际的工作，在公司里成长。他们为什么要去稳定的公司工作？我们的访谈显示，他们还记得，自己看到或听说千禧一代在大衰退中失业的情形。因此，他们把稳定性放在首位。通常，他们认为稳定性与公司的规模有关。所以，Z 世代表示，他们希望在大公司工作，而不是小公司，他们认为小公司风险更高（无论这是否为真）。

更深一步，我们和他人的研究也表明，Z 世代希望雇主有如下特征：致力于改善当地和全球的环境，履行社会责任（例如同工同酬、职业通道等），并提供通常老员工才能享受的就业福利，如退休匹配。总体来说，Z 世代希望与老板之间有更高的沟通频率（甚至在他们正式工作之前）；理想的工作环境，包括当下科技的使用和移动培训的机会；事实上，他们如此年轻，却清晰地了解自己想从雇主那里得到什么，这是我们下面会进一步探讨的惊喜之处。

当我们和 Z 世代聊工作时，他们通常的态度和反馈大致如下："你提供什么工作，我就做什么。请给我一个机会。"在雇用了大量的青少年和大学生的代际动力学中心的客户中，这一点已经得到证明。他们发现，Z 世代员工的留任率通常高于目前的千禧一代员工。

这是否意味着所有的 Z 世代都会准时上班并努力工作？不是的。事实上，招聘公司美国任仕达（Randstad USA）的研究显示，43% 的 Z 世代会接受一份工作，接着在公司"游荡"或消失。（别担心，在接下来的内容中，我们将向你展示如何避免这种情况。）但是 Z 世代确实对工作充满热情。从 Z 世代和全国各地的雇主（如快餐店、制造公司、工程公司等）那里，我们看见或听说了这个令人鼓舞的趋势。一位雇主告诉我们，"只要有机会，我就会带上 Z 世代。事实证明，他们非常适合公司，工作也很努力"。

然而，让 Z 世代成为员工具有挑战性。相比于其他世代在相同年龄时，Z世代中真正在工作或寻找工作的人更少，青少年一代尤其如此。根据美国劳工统计局的数据，2018年，16～24岁人口的劳动参与率为55.2%，1998年为65.9%。在16～19岁的青少年中，这一数字在2018年降至35.1%，而1998年为52.8%！虽然青少年失业率总体来说可能较低，但不言而喻的更大趋势是，与过去几代人相比，现在真正在工作的青少年越来越少。

关于Z世代较少在青少年时期工作的原因，有很多猜测，但我们发现，这通常归结于几个关键的驱动因素：父母不希望十几岁的孩子工作，而是希望他们在暑期专注于学业、课外拓展或其他活动；对于收入较低的青少年，难以找到高性价比的交通方式，送他们到暑期或课后工作所在地；工作的青少年，会缺乏社交和同伴，或者面临压力或感到丢脸；学校提供的职业或工作技能项目（包含当地企业的兼职工作机会）的数量或参与度也在降低。无论Z世代员工劳动参与率低的原因是什么，都给渴望雇用年轻员工却没有将他们视为申请人或求职者的公司带来了重大挑战。

Z世代参加工作的比例较低，也表明工人与员工之间的关系发生了有趣的变化。年轻的工人亲自到场，填写书面申请，期待着雇主回电，这曾是赚取收入的唯一途径。这样的日子已经一去不返了。如今，Z世代可以通过无穷无尽的应用程序打零工赚钱，这些程序提供了灵活性和更快的收入支付方式，包括Care.com、Fiverr、跑腿兔、来福车、优步、DoorDash和Grubhub。通过正确的策略和推动，作为网红或纳米网红赚钱甚至也成为一个选项（那完全是另一本书的内容了）。我们的《2018 年 Z 世代现状研究》发现，23% 的 Z 世代靠某种兼职（如零工和短期工作）赚钱，9% 的人有自己的公司。即时金融（Instant Financial）的研究显示，76% 的 Z 世代倾向选择一份按日计酬的工作，而非传统的薪酬计划。

Z 世代有了如此多几年前尚不存在的收入选项，他们之中正在寻找传统工作的人对于潜在雇主也有了特定的期望。这些期望影响广泛，涵盖工作申请流程、入职、培训、工作排期、薪资和持续的职业发展。

另一个改变就业领域规则的因素（尤其与 Z 世代相关），是包含透明度、员工反馈和在线评论的全互联文化。如果你的公司对员工不好，整个世界很快都会知道。如果潜在员工在网上读到对雇主的负面评论，或者从朋友或家人那里听到负面消息，就根本不会再费心申请你公司空缺的职位。社交媒体聊天和评论在招聘中的重要性不亚于消费者市场。正如我们常说的，查看一家餐馆的点评，你可以决定是否去那里第一次就餐；而查看它的就业评分，你可以决定是否去那里工作一年。

74% 的求职者认为，线上员工评论对于帮助他们决定是否申请特定工作非常重要或有些重要。

42% 的大学生年龄阶段的 Z 世代（和年龄接近千禧一代的人群）指出，一家公司必须在招聘网站上有评分和评价，他们才会申请。

但这里有一个隐藏的优点：寻找工作的 Z 世代愿意为合适的公司全力以赴地工作。我们已经谈过能够吸引 Z 世代的雇主的品质：快速的职位申请、定制的入职和培训计划、导师关系、成长和学习机会、与 Z 世代互动且将他们视为潜力股的老板、对社会和环境责任的承诺等。

但是，一家公司如何向 Z 世代精准展示它所能提供的东西呢？通过本章，你将理解吸引、招聘和雇用 Z 世代的新趋势。

如果这里有什么听起来令人难以承受、太过分或者根本没必要，那么要知道在当前劳动力市场，各种规模的雇主都在想方设法吸引更多的申请者。或者，正如贾森经常说的："你无法招到没有申请的人。"关键是让合适的人申请。展望未来，吸引和适应 Z 世代是必由之路，因为在未来 15 年里，Z 世代在劳动力市场中的比重将越来越高。

Z 世代求职搜索：首先是朋友，其次是 YouTube

与千禧一代不同，Z 世代开始求职的方式与他们寻求购物推荐的方式相同：通过朋友和家人。鉴于他们的年龄和人生阶段，这是有道理的。

我们在《2018 年 Z 世代现状研究》中对此有亲身体验。当我们问千禧一代和 Z 世代更喜欢去哪里找工作时，Z 世代的前两个选择与千禧一代有所不同。Z 世代的选择是：向朋友或家人打听工作机会（占 60%），或者询问自己在公司的熟人（占 57%）。相比而言，千禧一代倾向于访问求职网站，如 Indeed 或 Monster（占 67%），或者搜索公司的招聘网站（占 65%）。

　　Z 世代在找工作时，先去找朋友和家人，在此之后他们怎么做呢？他们会去 YouTube 上深入了解公司的文化。

　　这是一个重大的发现。我们的研究表明，在求职过程中，YouTube 对 Z 世代的重要性远远超过许多雇主和领导者的想象。当谈到寻找潜在雇主时，Z 世代通常不会选择千禧一代和 X 世代的信息绿洲，例如 Glassdoor⊖或领英。仅有 24% 的 Z 世代表示，他们会使用 Glassdoor 了解一家公司，作为自己求职的参考。实际上，他们会使用视频平台，在同一视频平台上，他们也会观看搞笑视频、狗狗训练、热门的对口型假唱和数学辅导。

　　YouTube 应当引起高管、人力主管、经理以及参与员工招聘和留用的其他人的关注，但 YouTube 并非唯一的意外：40% 的 Z 世代表示，他们会使用 YouTube 来决定是否为一家公司工作，近 50% 的人会使用 Instagram，36% 的人会使用 Snapchat。竟然是 Snapchat！

　　我们喜欢 Snapchat，尤其是它的滤镜很好。但是对于许多传统的雇主和经理来说，将 Snapchat 视为评价公司作为潜在雇主的渠道，可能有些难以接受。然而，思科、麦当劳、摩根大通和高盛等公司已经在使用 Snapchat 招聘 Z 世代员工。

　　高盛在 Snapchat 的"大学校园故事"平台上推出了一系列

　　⊖　Glassdoor，美国一家做企业点评与职业搜索的职场社区。——译者注

10 秒钟的招聘视频，展现了在高盛的职业生涯如何与学生的多样化技能、教育背景和兴趣相结合。这些视频只对 60 个目标校园开放，视频结尾呼吁学生们访问高盛的招聘页面，以了解更多关于实习和入门级岗位的信息。根据"高盛媒体厨房"（Goldman Sachs Media Kitchen）团队的报告，视频上线的 9 天内，累计浏览量超过 210 万次，并且通过自动搜索，高盛招聘网站的访问量增加了 82%。

麦当劳更进一步，已经使用名为"Snaplications"的功能招募 16～24 岁的年轻人。麦当劳让员工发布 10 秒钟的视频，描述自己为什么热爱这份工作，以及在麦当劳工作的感受。Snapchat 用户随后收到滑动屏幕的提示，引导他们从手机端直接进入招聘页面，从而获得职位申请链接。

美国电话电报公司已经意识到，Z 世代员工希望亲眼见到（而不是被告知）"老旧的电话公司已经变成一家现代媒体公司"。它使用短信和 Snapchat 与求职者交流，使用视频面试与年轻员工互动，并使用虚拟现实眼镜进行一天工作的演示。

请注意，我们并不是说，如果你想有效地招募 Z 世代，就必须使用 Snapchat。但是你要明白，如果想雇用 Z 世代，拓展到在线社交平台是至关重要的，你可能一度认为这些平台和招聘没什么关系。你不必无处不在，不用在 YouTube、Snapchat、TikTok、Instagram 等平台之间跳来跳去，但你一定要思考如何利用一部分平台吸引年轻员工。口碑（还有视频）即一切，无论它来自朋友和家人，还是 Z 世代爱上的社交平台。

让你的推荐计划和故事直接明了

起初，Z 世代购物和求职方式之间的相似之处似乎令人惊讶。但仔细想想，这是一个自然的过程：成长过程中，他们依靠朋友、评论和视频获得信息。因此，找工作的时候，他们会像研究购物选择一样研究公司。事实上，许多公司既是 Z 世代（尤其是青少年和大学生）研究的潜在雇主，也是他们作为顾客经常光顾的场所，例如餐馆、零售店或者他们读书时兼职的当地企业。

在你对 Snapchat（或者 YouTube 和 Instagram）得心应手之前，请退后一步，从整体上考虑 Z 世代求职的方式，并思考如何利用你现有的员工来适应，他们是你已经拥有的最强大的、通常尚未开发的、最有效的资源之一。

我们的研究表明，Z 世代首先通过朋友、家人和公司的现任员工获得工作线索。记住，你要确保自己的员工推荐系统尽善尽美。

罗纳德·卡斯纳（Ronald Kasner）是全球最大的招聘技术平台 iCIMS 的总裁兼首席运营官。iCIMS 为全球 4000 多家公司提供软件解决方案，这些公司每年在世界各地填补超过 400 万个工作岗位。iCIMS 还投入巨资为自己的 1000 多名员工创造丰富的工作体验，强调职业发展、工作与生活的平衡，以及回馈新泽西当地的社区。

卡斯纳告诉我们，iCIMS 最重要的招聘形式之一是员工推荐。招聘渠道如此重要，以至于公司在自己的软件中开发了一些功能，允许员工在社交媒体（他们的Z世代朋友寻求工作想法和线索的首选之地）与朋友和熟人分享工作空缺。

世界各地都有类似的故事。赛富时（Salesforce）是最受Z世代求职者欢迎的公司之一，这是有原因的。赛富时拥有一个基于"招聘快乐时光"（Recruitment Happy Hours）的特殊推荐计划。员工会邀请他们的推荐人参加快乐时光，这与其说是公司面试，不如说是一次非正式的聚会。据报道，赛富时已经支付了数百万的推荐奖金。根据公司网站的统计，推荐是赛富时的"新人首要来源"。公司不仅认可成功的推荐，如果员工内推的求职者最终未被录用，公司也会奖励该员工旧金山巨人队的比赛门票。

在酒店业的招募渠道中，推荐也名列前茅。凯特·科尔（Kat Cole）是Focus Brands公司北美地区的首席运营官和总裁，她告诉我们，在她公司旗下的品牌（如安妮阿姨（Auntie Anne's）、卡维尔（Carvel）、肉桂卷店（Cinnabon）、坚宝果汁（Jamba Juice）、Moe's Southwest Grill等）中，员工推荐对于招聘Z世代非常重要。科尔解释道："老派理论在这里也适用，不过要乘以10。招聘你的下一批员工的最佳人选是现有的员工，并且现在他们有了社交网络，这可以放大他们宣传公司和招募新人的能力。"

对于员工推荐计划的奖励，要有创造力，同时要注意时机。在许多公司的推荐奖励计划中，奖金的发放时间是被推荐人在公司工作满一年后。但是为了真正激励Z世代，可以考虑在更短的时间内提供较小的奖励。你可以在被推荐人上岗后就发第一次推荐奖励，他工作满 6 个月后发第二次奖励，工作满一年后发第三次奖励。这不仅为推荐人带来了即时的满足感，而且还能激励人们长期留任。从刚入职到入职周年纪念，所有人都有动力了。

除了一个强劲的推荐计划，你还要确保公司的理念、价值观、文化和故事对于求职者来说清晰易懂。

如果 Z 世代对朋友所在公司的岗位产生了兴趣，你认为他们会做什么？

毫无疑问：他们会用谷歌（或者联合使用谷歌和 YouTube）把你搜个底朝天。

78% 的大学生年龄阶段的 Z 世代和千禧一代表示，灵活的工作时间足以说服他们立即接受一份没有奖金的工作。

Z 世代客户对品牌的期望，与他们对雇主的期望是相通的。他们会在 YouTube 和社交媒体上寻找关于他们理想的工作和事业的线索。关于 Z 世代，除了目前为止我们提及的内容，Z 世代还希望：

- 自己效力的公司不仅仅是卖产品或服务。他们希望自己做的工作不仅是手头的任务，还能为更大的目标做贡献。
- 自己不会成为机器上的齿轮。Z 世代寻找关心他们个人并帮助他们脱颖而出的公司和管理者。也就是说，公司需要向 Z 世代展示，他们的岗位（即使是最初级的）对公司的整体运转有多么重要。

- 在价值观和需求上接纳多样性和具有包容性（从一线员工到管理层）。

- 有一个有趣的工作环境和灵活的工作安排。我们的研究表明，对 Z 世代来说，灵活的工作安排甚至比有竞争力的薪酬更重要！

布伦特·皮尔森（Brent Pearson）是 Enboarder 的创始人。Enboarder 是一个员工激活平台，帮助公司在员工入职之前建立有意义的互动。Gap、诺华（Novartis）、麦当劳、Eventbrite 等公司是 Enboarder 的客户，皮尔森的团队定期研究对于 Z 世代最有效的招聘和入职做法。

皮尔森与我们分享道："我们发现，Z 世代优先考虑为一家员工至上的公司效力，他们对这一点的关注远胜于金钱。他们已经意识到，如果要花三分之一的时间在工作上，他们希望真正享受其中，并找到一家价值观与自己契合的公司。"

每一位我们交谈过的领导者和招聘经理都有类似的经历。Tiff's Treats 的创始人蒂芙尼·泰勒（Tiffany Taylor）在美国经营着 50 多家面包店，她的大部分员工都是 Z 世代。Tiff's Treats 开创了一种商业模式，提供新鲜出炉、仍在温热的饼干（和牛奶），按需提供给客户。随着 Z 世代在员工和客户群体中占比的逐年增加，Tiff's Treats 正在调整招聘流程，以更好地与年轻员工联系。

泰勒分享道："我们努力为候选人创造更精简的面试体验。Z 世代最突出的特点，是对于速度和独特工作体验的追求。"

"我们已经创建了一套流程，加快面试过程（人力资源部门主动联系申请人，并立即安排他们在办公室现场面试）。与此同时，我们增强了体验感，用我们的故事和优势来打动他们。我们领着 Z 世代进来，向他们解释 Tiff's Treats 与他们申请的其他工作（例如典型的快餐店）有何不同。反过来，我们希望他们向我们展示，相比于这类工作的候选人，他们的与众不同之处。"

"我们反复强调，在我们眼中，团队成员不只是司机或面包师，还是品牌大使。无论身处哪个层级的岗位，我们都希望员工全情投入，并且我们发现，Z 世代正在寻找可以信赖的东西。"

泰勒告诉我们，因为公司对帮助他人投入了更多的关注，为此 Tiff's Treats 得到了 Z 世代的热烈回应。

"我们聚焦于创造温暖的时刻，这引起了 Z 世代的共鸣。尽管我们只是在'配送饼干'，但我们对人们生活的影响可能是重大的。我们的宗旨远不只饼干配送，我们发现 Z 世代有更远大的目标，他们希望自己效力的公司不只是盯着利润。"

"我们谈论的是那些让人开心的瞬间。我们的谈论成为感恩运动的一部分，让人们和自己所爱的人亲密接触，表达他们的感受。我们做的事情都是具有真情实意的，我们的员工每天都能感受到。"

泰勒和其他已经大量雇用 Z 世代的雇主都明白，将公司使命和文化融入招聘过程的每一个环节是极为重要的。

当被问及自 20 年前进入职场，招聘领域发生的变化时，Focus Brands 的凯特·科尔也有类似的看法："内容策略不同了，渠道也不同了。内容更多的是关于雇主品牌、层级、使命和文化，而不是'工作'；渠道更多是相关经验的分享（在 YouTube、TikTok、Snapchat 等渠道上，由现有员工分享），而不是'公司营销信息'。我们还处于这个旅程的早期，但对于最年轻人群和更为年长的人群，在建立工作机会认知时是有明显区别的。"

科尔还发现，与年长世代相比，Z世代对雇主的期望发生了显著变化。"Z世代更期望他们的个人信仰以及对全球事务（社会、环境甚至政治）的立场能与雇主一致，也期望不断学习，快速做些不一样的事情，而不是仅仅受雇做一份工作。"

招聘 Z世代员工的两个核心要素（员工推荐，以及一个揭示你的公司使命、价值、文化和故事的坦诚故事）将构成建立 Z世代招聘实践的基础。如果具备了这两个要素，你就可以开始创造性地推广了。

但是，如果你没有咨询 Z世代，他们喜欢被触达的方式是什么，就别试图吸引他们。最聪明的消费品牌正在询问 Z世代（或 Z世代研究人员），他们希望如何被营销。同理，明智的做法是与 Z世代联系，找到向他们宣传职位空缺的最佳方式。如果你已经雇用了 Z世代，那么请让他们加入对话。理想情况下，他们会传递你的信息（通过视频或者其他社交媒体内容），因此消息的传递是点对点的。关键是，询问 Z世代这份工作让他们兴奋的原因，他们最想从哪里听说这份工作，以及如何以他们信任（同时也能推动初次申请）的方式讲述这个故事。去问问你的 Z世代员工，他们会告诉你的！

当你制作招募 Z世代的内容时，请记住以下关键策略。

（1）在 YouTube 和其他社交媒体平台上上传视频，展示在你的公司工作的景象，详细说明你提供的培训类型，并展示你对当地社区和世界积极影响的承诺。

思爱普（SAP）每年吸引和雇用 7000 多名 Z 世代员工。因为思爱普是一家 B2B 公司，潜在员工可能对公司缺乏了解。它将自己的员工价值主张（EVP）重塑为"施展自我，成就自我"，发布在名为"思爱普的生活"的雇主品牌渠道。该渠道以分享思爱普文化的各个方面的视频为特色，例如员工领养福利、办公室的无障碍功能、聚焦员工个人故事的视频等。在视频中，人们也能一览思爱普的办公室环境（包括办公室秋千等各类福利）。

（2）确保 Z 世代成员出现在招聘或就业的宣传视频中。Z 世代希望自己的同龄人出现在视频中，讲述他们的故事，这样 Z 世代更有同感（包括种族、性别、多样性、教育、工作经历和背景）。"星巴克大学成就计划"（Starbucks College Achievement Plan）便提供了绝佳的视频案例，视频中 Z 世代分享他们的故事，讲述公司为员工支付亚利桑那州立大学学费的承诺如何改变了他们的生活和社区。

（3）在你的招聘页面和社交媒体上使用幕后照片和抓拍照片，以展示你的文化。对于 Z 世代来说，社交媒体在很大程度上是一种视觉连接。不要空谈你的文化，而是向他们展示你的文化！

（4）把你的招聘重点放在能够吸引 Z 世代申请的热点问题上，例如灵活的工作时间（如果有可能的话）和有趣的工作环境，根据我们的研究，这些问题在他们的"心愿清单"中排在头部。

思爱普的"思爱普的生活"在 YouTube 上为我们做了完美示范。

（5）你要强调，申请你们公司的岗位是多么快速和便捷，并且 Z 世代在他们最喜欢的移动设备上就能完成。酒店品牌万豪在 YouTube 上开设了专门的万豪招聘频道，其中包括一个公司岗位申请的简短教程（视频的开头配有有趣的图形和一名 Z 世代的图像）。

适合 Z 世代的工作申请

还记得填写纸质工作申请的日子吗？或者更糟糕的，一份 3 页纸的申请表？如果你没有带钢笔或铅笔，就得四处去找，然后坐在公司前门附近，试着找到一个平整的表面，以清晰的笔迹填写好申请。Z 世代可没有经历过这些。他们不随身携带钢笔，肯定也没带着铅笔。事实上，他们希望完全在线完成工作申请（最好是在他们最爱的移动设备上），并且能够随时保存他们的申请。

为什么这很重要？这么说吧，即使你用尽浑身解数，使 Z 世代对你的招聘启事做出了回应，但如果你的申请太复杂，就很容易失去他们。申请填写过程中的保存功能尤为重要，因为年轻人手头通常没有所需的全部信息。能够随时保存（并宣传这个功能），不仅能让更多的人开始申请，还可以让更多的人随着时间的推移完成申请。这里也蕴藏着新的机会。如果 Z 世代开始了申请，但是未能完成或者提交，那么你可以提醒他们（因为你现在有了他们的联系方式）。你可以给他们发送电子邮件或短信，上面写着：

"嗨，莎拉。谢谢你开始申请我们的工作！我们很想知道，你是否适合我们，同时我们是否适合你。单击此处获取链接，以完成你的申请。我们非常想知道，我们彼此是否契合！"

如果没有正确的工作申请方式，Z 世代是不会开始，更不会完成申请的。有时他们会查看申请内容的长度或细节，甚至不会启动申请（尤其是无法随时保存时）。在劳动力市场紧张时，或者对于一家发展迅速、需要快速招聘下一代人才的公司来说，推动工作申请的完成（甚至是求职申请的开始），可能会最终决定公司是否能吸引到足够的申请者，以填补所有的岗位空缺。

但是 Z 世代期望什么样的工作申请呢？我们深入研究这个问题，是因为客户不断告诉我们，Z 世代进入他们公司的简历页面或工作申请页面之后，并没有申请，或者开始了申请，但最终没有完成。

我们在全美研究中发现，工作申请流程的感知和实际时长将对 Z 世代是否开始、完成和提交工作申请产生很大影响。感知为何重要？因为 Z 世代会频繁扫视求职页面，然后判断工作量是否过大，或者完成时间是否过长。在我们的《2018 年 Z 世代现状研究》中，Z 世代指出，快速、简单的在线申请流程比列出岗位的起薪范围更重要（占 58%）。

一些雇主故意使工作申请流程漫长而复杂，因为他们想淘汰那些"缺乏投入精神"或缺乏完成申请的毅力的潜在申请者。然而，对于许多公司（尤其是零售、食品服务、服务行业和一线销售公司）来说，获得更多的工作申请是当务之急。

我们发现，全美 60% 的 Z 世代表示，他们最多能忍受 15 分钟的工作申请时间。然而，30% 的 Z 世代表示，10 分钟是上限，甚至 10% 的人说是 5 分钟或更少！ Tiff's Treats 的蒂芙尼·泰勒和她的人力团队非常明白这一点。她评论道，"快速和便捷的访问对于吸引和雇用 Z 世代至关重要。我们的申请、面试安排和入职流程都是在线的，可以非常快速和便捷地完成。我们不希望任何事情（例如语音邮件交换或文书工作）妨碍我们找到我们感兴趣的、准备好尽快投入工作的候选人。"

在我们批评这一代人，指责他们缺乏完成冗长工作申请的欲望之前，重要的是退后一步，看看他们在生活中已经习惯的工作申请，甚至是客户购买体验。大多数 Z 世代从未完成过正式的工作申请，所以这个过程，无论复杂与否，都可能令人生畏。与此同时，在他们的世界里，一切都与效率和尽可能精简的步骤有关，无论是登录在线银行账户，还是在 YouTube 上找他们想要的视频。事实上，他们可以在 5 分钟之内在网上完成一笔大宗购物，有时只是点击一次鼠标的功夫（尤其对于当天到货的商品）。Z 世代的行为反映了他们的经历以及成长过程中对事物的预期。坦率地说，他们只懂得这种"讲重点"的理念。

什么能让 Z 世代完成工作申请呢？我们找到了六种简单、低成本的解决方案：

（1）发布一段短视频，展示某人完成和提交工作申请的全过程。视频应该短于 30 秒，节奏紧凑，同时反映了公司文化，激发他们申请的兴趣。

（2）允许人们在部分完成申请时进行保存。这很重要，因为许多 Z 世代成员不是在潜在雇主那里完成申请，而是在其他地方，他们可能有别的事要做，或者他们可能手头上没有所需的全部信息。

（3）提前收集他们的姓名、电子邮件或手机号码，以便在他们没有完成并提交申请时再次向他们宣传。这个简单的轻推可以帮助他们完成申请。有时他们只是忙别的事去了，但这并不意味着，他们不会成为一名优秀的员工或不适合一家公司。如果允许，通过短信或电子邮件轻轻推动一下效果很好。这样做卓有成效，因为 Z 世代通常会申请他们熟悉的公司，所以这对品牌也有好处。如果你可以选择，请使用短信提醒而不是电子邮件。确认面试时间和地点时也是如此。

（4）缩短初步工作申请。我们访谈过的许多招聘经理都缩短了初步工作申请的时间，以便让更多的人提交申请。接着，他们通过电话、网络或面对面的方式进行面试，这时需要一份更长的申请，其中包括他们需要的更多细节信息。在此之前，他们能够与申请者交谈，确定是否和工作匹配，并且在许多情况下，强调为什么公司是一个很适合工作的地方。正如一位承包行业的雇主告诉我们的："我会尽量缩短申请时间，因为我想向他们宣传，为什么他们应该为我工作。申请的时间越长，向 Z 世代宣传为何我们的工作适合他们的机会就越少。"

（5）在工作申请中添加营销元素。说说你们公司的文化有何特别之处。列举能让你的公司与众不同的奖项和成长里程碑。你需要传达一个信息：什么对你和你的员工是重要的，并且你的公司和未来的员工都将有一个光明的未来。

（6）除了薪资范畴和福利等通常的细节外，试着在你的工作描述中增加一些内容，来显示工作中更人性化的一面。尝试引用员工的话，甚至让员工亲自分享"寻常一日"，描述在你公司的工作感受。

iCIMS的罗纳德·卡斯纳指出，当公司提供短信申请选项时，申请数量有所上升。iCIMS发现，这种现象在零售机构和餐馆中尤其显著，顾客穿过商店或餐馆时可以看见"我们正在招聘！短信申请"的标识，并立即发送他们的联系方式。之后，公司（无论是人力招聘专员还是人工智能聊天机器人）可以回答问题，开始筛选候选人，并引导他们完成申请流程。

重点是：让你的初步申请尽可能简单。这将吸引更多的申请人加入对话，使你有机会向更多潜在员工分享公司的故事、使命和愿景。招聘流程中的每一步都会筛选出不适合的应聘者。但是，不要因为初步申请过于复杂而无意中排除了潜在的优秀员工。

··

什么会让Z世代立即申请

工作薪酬：85%的大学生年龄阶段的Z世代和千禧一代表示，岗位信息中的薪酬部分促使他们立即申请。

福利描述：80%的大学生年龄阶段的Z世代和千禧一代表示，这些信息促使他们立即申请。

日常工作描述：79%的大学生年龄阶段Z世代和千禧一代表示，对一份工作的日常描述促使他们立即申请。

··

面试和招聘

对于任何世代，面试都是一个压力大、耗时长的挑战，尤其是对于试图雇用 Z 世代的雇主和试图找到合适雇主的 Z 世代来说。雇主在雇用 Z 世代时经常面临挑战，因为这一代人很年轻，相关的工作经验通常很少，有时甚至为零。与此同时，这一代人几乎没有进行面对面、电话或视频面试的经验。这就提出了一个挑战，既要检查工作推荐信，也要寻找证明 Z 世代求职者拥有专业知识、态度或经验的案例，因为它们有助于他们在工作中取得成功。

对 Z 世代来说，使这个问题变得更加尖锐的是对无薪实习的抵制。虽然许多人对无薪实习的利弊进行了辩论，但现实是，无薪实习，无论对错，是许多第一次求职者的敲门砖。如今，大多数的实习必须有报酬，这使得雇主更重视潜在实习岗位申请者的工作经验，这反过来又让没有工作经验的人更难进入职场。这就为 Z 世代设置了更高的门槛。

在我们位于得克萨斯州奥斯汀的研究中心，我们通过一个项目为正在崛起的 Z 世代第一代大学生提供带薪实习机会。在这个实习项目之上，是规模更大的"中部得克萨斯州突破"（Breakthrough Central Texas）倡议。我们感到十分自豪，并高度参与其中。我们发现这是帮助下一代和我们社区的好方法。但并不是所有的公司都可以为一个 17 岁的几乎没有经验的人提供带薪实习的机会。这给雇主和招聘经理带来了更大的压力，他们需要"正确"地进行工作面试，并找到那些即使缺乏面试技巧和经验，但如果被聘用，也能做得很好的Z世代成员。

好消息是，随着这一代人年龄的增长，对于当前和未来的工作都会有更多的掌控，这种差距将会被弥合。但现在，雇主必须找到面试这一代人的方法，他们可能没有太多的工作经验，甚至可能不知道应该穿什么衣服去面试。

我们发现一个三步走的方法能够帮助雇主和Z世代找到合适的工作匹配。

（1）在面试之前，第一，建立并分享清晰的期望。我们发现，发送一封电子邮件或短信，其中包含关于面试或面试流程的重要见解，可以减轻求职者的压力，让他们有机会向你展示自己的能力，并使招聘经理的面试更加有效。在第一步中，雇主可以向潜在申请者（当然不只是Z世代，而是所有人）传达一些关于工作面试中最令人紧张但也最重要的部分见解：穿什么、何时到达、在哪里停车和携带什么。我们的研究表明，例如"商务休闲装"这样的术语在不同的年代、性别和地域有着不同的含义。举一个简单的例子来说明着装对你的意义，让求职者明白如何着装才得体，以及为了"准时"应该多早到达。现在，关于在面试中得体着装的标准，以及这与公司的工作场所文化和包容性有多密切的联系，仍有很多争论，但我们发现，可取的做法是提供实例或者选项，并让候选人自己选择。

第二，让他们知道自己可以或者应该携带什么，例如推荐信和工作简历。如果他们之前没有工作过，他们可能会携带自荐信、有关职业道德和性格特点的材料。目前，许多年轻人不知道要在面试中携带这些材料，因为他们在面试前没有在任何地方工作过，也没有人告诉他们，怎样才能找到第一份"真正的"工作。

第三，让他们知道应该什么时候到达，在哪里停车，在哪里签到。这些都是小细节，可以减少面试者的压力，让面试流程更有效。此外，提供上述类型的期望，为 Z 世代创造了向你展示他们能力的最佳机会，他们在面试时也会有良好的心态。因此，他们能够自信地入场，知道自己是准时的、做好准备的，并能向你展示他们是这项工作的合适人选。

有时，人们认为提供如何准备和顺利完成面试的技巧是对一个世代的溺爱。我们不赞成这种观点。我们要给人们一个机会来准备和展示他们所能提供的最好的东西。有太多的问题（例如文化、代际、年龄等）让我们产生隔阂，甚至会让有经验的招聘经理淘汰一名优秀的潜在员工。这些面试前的建议，可以给每个求职者一个平等的机会，向公司展示如果被录用他们能做什么，这也是招聘经理最终需要确定的。

（2）提问题，让他们向你展示他们的技能和决心。对于缺少工作经验的求职者，面试中典型的问题往往是关于学业表现或教育经历、志愿者活动和其他时间投入高的活动。不要把关注点放在他们的教育上面（他们可能高中刚毕业或刚进入大学），而是要问问他们如何应对某些挑战、场景或问题。让 Z 世代向你展示他们如何思考、处理和尝试解决真正的商业问题，这并不需要工作经验，而是一个他们展示创造力和解决问题能力的机会。例如，你可以问他们，如何让你的网站变得更好或者让你的品牌更吸引人。他们的建议或策略不是问题的关键，重点是倾听他们如何解决问题，这将有助于你了解他们在工作场所如何解决问题，以及（更深的思考）他们是否适合你的组织。

（3）请记住，面试仍然是一个相互营销的过程。雇主必须表明，他们想招募候选人，候选人需要表明，他们想要这份工作，并且双方是契合的。由于 Z 世代对在职学习、职业发展、稳定性和福利非常感兴趣，你可以在面试中分享，公司早期（例如入职的第一天或第一周）就向新员工提供的学习类型和个人发展选项。你也可以分享公司提供的培训，无论是针对特定的工作或角色，还是更广泛的内容（例如领导力），这个话题会引起 Z 世代的热切回应。此外，你可以分享公司业务的稳定性、提供的福利以及"以员工为中心"的理念，这些话题都是 Z 世代在寻找工作和事业时的"热门问题"。

你还要注意谈话之后要及时跟进面试者，以及你所使用的沟通渠道。罗纳德·卡斯纳和 iCIMS 研究团队关于移动通信和面试有着引人入胜的剖析。iCIMS 的研究显示，45% 的大学毕业生如果在一周或更短时间内没有听到申请和面试流程的进展，他们将开始考虑其他公司。

"短信通信是举足轻重的，"卡斯纳分享道，"快速沟通的能力变得非常重要，不只是最初的交流，而是在整个招聘过程中与 Z 世代互动。"

iCIMS 支持硬石国际（Hard Rock International）和达美乐比萨最大的加盟商 RPM Pizza 所做的努力，即通过改用短信通信，使快速填补职位空缺方面得到显著提升。当硬石国际从电子邮件和电话沟通转向发短信时，候选人的回复率从 50% 上升至 75%。同样，当使用短信时，RPM Pizza 的点开率为 99%，响应率为 91%，响应时间为 1 分钟，而电子邮件的点开率为 7.3%，响应率为 2.1%。

视频面试

我们经常被问到关于视频面试的问题，以及它对 Z 世代是否有效。现实情况是，视频面试的平台和技巧有很多。对雇主来说，视频面试的主要优势是，他们可以看到候选人并与之互动，对于候选人的认识相比于电话面试更深刻，双方可以免去差旅奔波和时间安排的麻烦。求职者多次告诉我们，他们不喜欢视频面试，但公司仍在更多地使用这种面试技术。甚至目前有一种技术，求职者可以把问题答案录下来，再把录音发给招聘经理，而非进行一次真实的现场视频面试。

展望未来，随着 Z 世代年龄的增长，我们认为他们可能会对视频面试更加适应。在这一代人的成长过程中，视频随处可见，例如视频聊天、Houseparty⊖、Google Hangouts⊖和 FaceTime。对于一部分 Z 世代来说，能够在说话的同时看到某人，可能比电话交谈更舒服和更自然。关键是，如果一家公司采用视频面试，

⊖　Houseparty，一款群聊视频应用程序。——译者注
⊖　Google Hangouts，一款由谷歌开发的跨平台信息应用程序。——译者注

可以使用与上一节介绍的相同方法，但要根据视频体验做出调整。例如，让申请者知道，最好的视频面试要在安静的地方进行，光照充足，各方可以清晰地看见彼此。与此同时，发送一个视频面试注意事项的链接，包括登录时间和参加面试所需的最低技术要求。

发出工作邀请

由于大多数 Z 世代从未被雇用过，或者工作经验有限，他们中的许多人对于接受一份新工作的相关所有细节问题都是陌生的，例如培训、职业发展、发薪时间、薪酬情况以及其他工作福利。因此，当公司发出工作邀请时，应该对这些细节加以介绍，这在当前极其重要。Z 世代需要理解接受一份新工作的意义和责任，以及加入你的团队对他们的益处。

我们发现，最佳工作邀请只有一页篇幅，并且对新员工需要了解的关键事项提供"快照"，例如入职日期、薪酬、福利和日常工作安排。"工作安排"部分尤其重要，因为 Z 世代可能还在上学或者有其他承诺事务，包括别的工作。让 Z 世代知道，他们将收到员工手册，所有的细节都会在其中详细说明。如此一来，他们也会知道，当他们开始在你的公司工作的激动人心的新旅程时，工作邀请并非他们唯一的信息来源。

以下是发送工作邀请的三个最佳做法：

- 将关键事项以要点的形式进行列示，使它们更容易阅读。
- 在列出入职日期时，一定要写明入职时间和第一周的工作安排。
- 指明第一联系人，用于确认入职。列出入职第一天当天或之前需要完成的事项，例如药物检测、驾照有效检测等。

收到入职确认之后，我们建议你发送欢迎信息。它通常是一个简短的视频（理想情况下）或短信，不同于你发给全职员工的正式聘书。因为他们如果收到了欢迎信息，则表示他们已经接受了这份工作，现在你可以采取行动，让他们为第一天的工作做好准备。在欢迎信息中，有四点需要强调：

（1）强调你对于他们加入团队的激动之情。他们听到的消息应该是，他们做出了一个伟大的决定，这将为令人兴奋的事业和学习打开新的大门。

（2）在他们第一天入职之前，提醒他们需要带什么或做什么。

（3）让他们知道在哪里停车或最好的公共交通选项。这对新员工来说是件大事。

（4）告诉他们到了公司后应该找谁，以及第一天要做什么。很多时候，面试和招聘人员并不是和他们直接共事的同事，也不是他们的老板或第一天的培训人员。我们建议提前提供对接人的电话和电子邮件，回答他们入职前的问题，但你可以根据公司文化酌情考虑。

这是你向他们展示组织文化并真正让他们感到自己受欢迎的机会。

一个好的欢迎视频的关键是，让Z世代新员工感受到热情的欢迎，并增加他们对新工作第一天的兴奋感。这有助于他们尽早走上成功之路，并减少经理在新员工到岗时，由于准备不足而经常面临的问题和困扰。他们也可能会立即转发信息，或者告诉他们的朋友，这将会带来更多的申请者（在劳动力市场紧张的情况下非常重要）。

如果你不确定欢迎信息中应该包含多少细节，另一个选择是为新员工创建一个有密码保护的常见问题解答（FAQ）页面，其中包括新员工入职前最常问的问题。Z世代成长在线上化的、自助生活的世界，因此这是一种提供上述体验的便捷方式，可以减少Z世代入职之前向人力专员和经理提出的问题。

虽然它们都是很好的基础行动，但如果你真的想"惊艳"到Z世代，并欢迎他们加入公司文化，你可以随时采取下文介绍的方法来迎接和接纳你的新员工，而且这项工作可以在他们入职第一天之前开始。敬请期待下一章的内容。

第 11 章

释放 Z 世代员工的长期潜力

我对自己要求很严格，我总是告诉自己，"你可以做得更好，你可以做得更多，你不止于此"，所以有这么一位主管对我来说意义重大。他没有选择发一封邮件或者发 Skype 消息给我，而是来到我的身边，告诉我，"嘿，你做得很好。我们真为你感到骄傲，"或者说，"我们真的很高兴你在这里。我们对你很重视。"

——Z 世代员工

伊莎贝拉太激动了。从春天开始，她就一直参加招聘会，申请设计助理的工作。在此期间，她承接了超过35个自由职业工作，以建立自己的作品集。她于5月从天普大学毕业，并于8月接受了费城一家数字营销机构的职位。她的工作两周后开始。她很兴奋，但也很害怕。这将是她的第一份工作，她以前从未在办公室上过班。她应该穿什么？在面试中，她被告知着装要求是"创意休闲装"，她完全不知道这是什么意思。但她记得在申请前通过谷歌搜索过该公司，发现每个团队成员在公司网站上都有一个关于自己的简短视频。所以她重新看了这些视频来研究大家的着装：一些人穿着牛仔裤，一些人穿着时髦的衬衫、打着领带，一个女人穿着一件看起来像是从20世纪90年代旧货店里淘的杀手连衣裙。似乎任何着装都是可以的，只要它们整洁并且搭配得体，每个人都有发挥创意的空间。伊莎贝拉觉得她很适合这里。

但她想到自己的老板凯西，又有些焦虑。她们在面试中谈到，伊莎贝拉将有机会学习新的设计软件，并为项目做出创造性的贡献，但凯西让她感到有压力。凯西提到她正在同时应对9个客户，需要伊莎贝拉管理所有客户的日程和后勤工作。除了行政工作，真的还有其他工作的空间吗？

然后还有繁文缛节的问题。自从伊莎贝拉成为自由职业者，开始积累设计经验后，她实际上从未真正被雇用过。她不知道如何选择合适的健康保险计划或设立养老金计划401（k）。

当伊莎贝拉沉浸在热情和焦虑的恍惚中时，手机短信的提示音突然响起，她吓了一跳。短信不是来自她现有的联系人。她打开信息，发现是一段视频，她点开了视频。"嘿，伊莎贝拉！我是凯西。我太兴奋了，我们要一起努力了！我想知道你这周是否有空我们一起吃个早餐，我很想在我们第一天共事前就彼此认识一下。市中心有你喜欢的咖啡店吗？"

伊莎贝拉很震惊，但也感到如释重负。距离她入职还有几周，但她很快会再次与凯西见面聊天。凯西让她推荐一个自己最喜欢的地方，这让她很感动。

在接到工作邀请后的几天，伊莎贝拉的电话又响了，是来自创意总监的短信，问了伊莎贝拉一些意想不到的问题：她的爱好是什么？喜欢什么食物？下午 3 点最喜欢的提神小吃是什么？这些都不是伊莎贝拉预料中的入职问题，但她还是照实回答了：徒步旅行、墨西哥玉米卷、甘草糖。

她还会收到包含关键"家庭作业"的短信：她填写一份问卷，完成了 W-4 表[○]的录入，接着以电子方式跳转至一名财务顾问，该顾问向她发送了一份关于养老金计划选择的快速指南。人力资源部发给她一段视频，解释她的健康保险计划，以及每个计划之间的差异。

哇哦，伊莎贝拉能感觉到她的焦虑感正在消失。

在第一个工作日之前的两周内，伊莎贝拉觉得自己已经完全做好了选择健康保险和养老金计划的准备，她甚至在早餐时和凯西起草了一份计划，在接下来的 6 个月里学习 Adobe

---

○　W-4 表，是由美国的员工填写的税务局表格，以向雇主表明他的纳税情况。——译者注

Illustrator[⊖]。

最后一条令人惊喜的短信出现在她正式上班的前一周，这是一段来自公司4个人的视频（她从团队简介网页上认出了他们）。

"嘿，伊莎贝拉！我是尼基。我是西莉亚。我是伊恩。我是乔。"伊恩拿着手机自拍，大家挤在一起，以适应画面的大小。

他们轮流说着话。"我们是其他的设计助理，想在你下周开始工作之前和你打个招呼。还有，我们希望你周四下班后有空余时间，街边有个很不错的酒吧，会举行玛格丽特[⊜]（Margarita）快乐时光。我们听说你喜欢墨西哥菜，希望你能加入我们。"

接着西莉亚补充道："我已报名成为你的迎新伙伴，所以我会在第一天迎接你，带你四处看看。关于这里的工作，你可以问我任何问题。我们的合同体系有点糟糕，但我会告诉你如何克服这些小故障。不要在自助餐厅吃凯撒沙拉，除非你喜欢油炸面包丁。当然还有更多要说的，我们下周再聊！"

哇哦，哇哦，哇哦，伊莎贝拉心想。他们看起来非常友好，我们甚至在见面之前都有了快乐时光计划！她将手机切换到自拍模式，发了一个快速视频回复。

"嗨，伙计们！这太棒了，谢谢！我乐意参加玛格丽特快乐时光，我已经迫不及待地想见到你们了。再次感谢，我很期待下周的到来！此外，我对油炸面包丁并不感冒。信息收到。"

⊖　Adobe Illustrator，一个专业的基于矢量的设计和绘图软件。——译者注
⊜　玛格丽特（Margarita）被称作"鸡尾酒之后"，是除马提尼（被称作"鸡尾酒之王"）以外世界上知名度最高的传统鸡尾酒。——译者注

当伊莎贝拉第一天上班时，凯西在大厅迎接她，并把她带到办公桌前。

眼前的景象出乎她的意料。

在伊莎贝拉的桌子上摆着一个小桶，桶里装着她能想象到的各种甘草糖。桶上贴着一张纸条，上面写着："希望这些够你吃一阵子，让你在下午 3 点能够保持清醒！"

在她的键盘上有一张 REI 的礼品卡，上面有一张便利贴，写着："穿上你的登山装备，加入我们！欢迎你！"

凯西离开之前，询问伊莎贝拉是否愿意与团队成员共进午餐，他们在附近的一家墨西哥餐厅预订了迎新聚会的座位。

当伊莎贝拉开始新的工作时，她感觉非常棒。礼物很好，但除此之外，她很欣慰自己能在一家显然关心员工的公司工作。他们没必要做这么多，但他们做了，她对此很感激。她觉得自己融入了新环境。

如果你读了这个故事，感到惊诧，我们十分理解。我们中的大多数人是 X 世代，或者年纪更大些。当我们开始一份新工作时，从来没有经历过伊莎贝拉这样的入职流程。她的故事可能听起来如此陌生，以至于有点可笑。当我们刚入职的时候，我们在入职培训上从一个大文件夹中获取入职信息（如果有入职培训的话）。如果老板咄咄逼人，我们就得低头做人，埋头工作。我们办公桌上的礼物？欢快的欢迎视频？迎新同事团？与老板共进早餐，重点聊聊我们想学什么？简直是太宠溺了。

这么说吧：这些事情实际上不需要花太多的时间、精力或金钱，但它们对员工如何对待工作有着巨大的影响。发表在《哈佛商业评论》上的一项研究显示，当雇主采用关注个人身份而非组织身份和组织需求的入职方法时，员工在工作前 6 个月内的留任率增加了 33%。

此外，这不是宠溺。我们认为任何雇主都不应该宠溺他们的员工，你只是需要留意，如何让员工感到受欢迎、被重视、被欣赏，并与他们建立联系。当你向员工展现自己的关心时，他们反过来会更关心公司、同事甚至他们的老板。

布伦特·皮尔森和他在 Enboarder 公司的团队设计了入职体验，以帮助公司与 Z 世代员工共同发展。他说得很好："如果你经历了不太热情的入职流程，你得接受现实，但并不意味着这是正确的做法。别把自己的经历当成常态。"

皮尔森还指出，许多公司未能考虑如何将员工体验转化为客户体验。他解释道："除非你能提供出色的员工体验，否则你将无法提供优质的客户体验。"

"我们都经历过，"皮尔森指出，"你走到一家航空公司的柜台前，柜台后面坐着一个脾气暴躁的公司代表，他是那么漫不经心，你能得到的最好结果只是平庸的客户体验。但如果你走到西南航空公司（这家公司注重员工参与和体验）的柜台，你通常会被一个热爱自己工作的优秀员工接待，这又会反映在你的客户体验中。"

上述问题和 Z 世代的关联最为紧密。他们一次又一次地告诉我们，他们想为一家关心员工、愿意指导他们并提供人才发展机会的公司工作。这种以人为本的方法会带来更高的员工留任率和更好的客户体验。最终，这意味着更稳健的盈利能力。盖洛普的研究显示，员工敬业度高的公司的业绩超出竞争对手147%。员工敬业时，所有人都是赢家。

但是为了真正释放 Z 世代作为长期员工的潜力，你需要从他们入职第一天开始兑现这些承诺。根据我们在各类规模的公司的调研，促进员工参与的总成本通常要低得多，因为员工留任率、绩效和客户满意度提升，会让投资回报率上升。你也将成为 Z 世代渴望共事的雇主，因为根据我们 2019 年的全美研究，64% 的 Z 世代觉得雇主不了解他们这代人。

最终，几乎任何世代的任何员工，都会喜欢我们针对 Z 世代所建议的招聘、入职、培训和认可的方法。这就是为什么前几世代的反应是："哎呀，那太好了！"但是我们的态度和皮尔森一样：当你本该欣然接受的时候，却没有人向你提供（良好的入职体验），但这并不意味着，你不应该将它提供给自己雇用的人！事实上，采取这些行动的优势巨大，作为领导者的你最终会直接受益。

如前所述，失业率处于历史低位，零工经济带来了替代收入选项，社交媒体促进了职场的透明度……考虑到这些事实，如果你现在还没有采用更加以人为本的方法与 Z 世代共事，现在就是好时机。随着 Z 世代的成长，以及在劳动力中的占比越来越高（包括成长为新一代的经理、主管和领导者），你也是在投资公司的未来。

我们将更深入地研究，对于 Z 世代来说，坚持做一份工作并全力以赴的影响因素是什么。当你思考如何应用这些见解时，考虑一下是否要对所有年龄段的员工都采用类似的做法，因为每一代人都喜欢被重视和被欣赏（即使有些世代对自拍视频更为适应）。

发出工作邀请

在 Z 世代能够在你的公司茁壮成长之前，他们需要先接受工作邀请。所以如何包装你的邀请是件大事。对于 Z 世代来说，仅有标准的薪酬和医疗福利清单已经不够了。虽然两者对 Z 世代都很重要，但它们并非一切。多项研究表明，在考虑一份工作时，Z 世代看重：

- **在职学习和人才培养**。Z 世代渴望学习和发展他们的才能：在我们 2018 年的全美研究中，62% 的 Z 世代参与者表示，带薪的在职培训是他们做出求职决定的首要因素。其他事实也证实了这一点。旨在帮助 Z 世代与雇主联系的求职平台 RippleMatch 调研了 2019 届 1100 多名大学毕业生，59% 的受访者表示，职业发展机会是接受工作邀请与否的最重要因素。当你提出工作邀请时，要强调你的公司从员工入职第一天开始，是如何投资于他们的成长的。这可以包括全面的内部培训计划、导师计划，或者工作之余或线上的职业发展课程的报销。

- **灵活的工作时间**。Glassdoor 的研究表明，灵活的工作时间是决定 Z 世代求职的主要驱动力，仅次于良好的工作环境。一些公司正在通过 HotSchedules 等软件，让员工能够直接通过移动设备选择和更改自己的工作时间表。灵活的工作时间对于仍在上学，工作（而且可能同时打几份工）的同时要兼顾课程、家庭作业和课外活动的员工来说尤其重要。

直接影响 Z 世代的年长成员（18～24 岁）接受工作与否的五大因素：

- 82%：薪酬高。
- 65%：灵活的工作时间。
- 49%：便捷的通勤。
- 45%：良好的福利，如保险和退休匹配。
- 41%：获得适用于未来工作的新技能。

- **一年之内的加薪潜力**。我们的研究显示，62% 的 Z 世代人希望在入职 9 个月或更短的时间内得到首次加薪。在你的邀请信或沟通中概述加薪的可能性，并清楚地解释为了达到这些里程碑，员工应该做些什么。将绩效与未来的加薪联系起来是协调预期和建立共同责任的关键，可以促进 Z 世代的信任、忠诚和留任。

- **晋升机会**。在你的工作邀请中提及，如果员工达到明确的学习和绩效目标，他们的工作在 6 个月、1 年和 2 年内会有何变化。这不只包括我们之前谈到的加薪，也包括晋升或在其他部门工作的机会，或者接受公司内部不同类型的项目和挑战。同任何关系一样，没有人自己去问"它将如何发展呢"，清楚地告诉他们，如果付出了必要的努力，前景是什么。如果这么做，你将处于最有利的位置，从员工发展的才能和他们现在看到的职业道路中受益。

- **生活方式福利**。一个客户曾分享道，当他们询问一位Z世代候选人，为什么他倾向另一份类似的工作时，得到的答案是：竞争对手在工作邀请中提供了健身房会员。但是我的客户开出的薪酬可是高了竞争对手3000美元呀！这件轶事证实了我们的研究结果，Z世代看重提供生活方式福利的雇主，甚至会因此放弃更高的收入。这些福利包括健身房或瑜伽会员，音乐会或娱乐活动的免费或打折门票，宠物保险，免费洗车服务，与当地商店、餐馆或零售商预先协商的折扣（这总是双赢的），甚至是网飞会员或高速互联网费用的折扣。我们甚至看到，一些公司提供与工作年限或绩效挂钩的生活方式奖励。在我们研究中心，当你工作满3年时，会收到一份"许愿"的礼物。我们将给你3000美元，让你花在自己想要的任何东西上，我们的团队成员曾经将这笔钱用于婚礼、梦幻假期、家庭旅行等。

- **退休匹配**。正如我们在第5章提到的，许多Z世代已经在为退休储蓄了。他们看重帮助自己实现目标的雇主。对于这些新员工，制作关于财富如何增长的短视频（例如，年轻时持续的小额储蓄，如何通过复利增长到惊人的数额）是非常有价值的。虽然 Z 世代经常告诉我们，他们预计自己不会享受到社会保障或其他政府资助的退休福利，他们通常也不清楚，为退休储蓄会在当前产生什么影响。但他们知道，这就是自己需要做的事情。现在就告诉他们如何采取正确的步骤，这不仅会增加他们对你的感激，还能改善他们的未来。

- **带薪休假**。除了带薪休假之外，生日假也能体现个体关怀。我们发现，许多年轻人喜欢在生日那天请假，他们认为这是一个假期。所以把生日假作为福利提供给他们，也可以让同事们提前知道他们那天不会工作。令人惊讶的是，前几代的人也非常喜欢生日假，于是我们向研究中心的每个人都提供了这一福利。

- **工作零食**。零食和类似的办公室津贴营造了一个有趣的、吸引人的工作环境，这是 Z 世代在决定为一家公司工作时首要考虑的因素。我们的研究表明，你不必提供花哨或昂贵的零食，而是问员工（包括 Z 世代）他们喜欢吃什么。提供他们真正想要的零食，这样既省钱又能减少浪费。此外，员工还会感到被倾听和被重视。

- **每天获得收入**。零工的优势在于工作当天就能获得报酬。许多雇主通过即时金融等平台为员工提供每天的工资和小费，以应对零工行业的竞争。即时金融让你的员工当日就可以获得他们收入的 50%，而且没有手续费。随着 Z 世代年龄的增长，这将成为常态，因为零售、酒店、餐馆等行业已经提供了这种薪酬选项，我们预计医疗保健、专业服务和科技行业也将如此。事实上，我们的研究发现，当日获得薪酬是很大的驱动力，以至于年轻一代会接受时间更差的轮班、在假期工作，并为了这一福利在雇主的公司留任更久。

"零工经济平台的爆炸式增长给传统雇主带来了沉重的负担，"即时金融创始人史蒂夫·巴萨（Steve Barha）解释道，"如今，公司不得不与无须排班、提供即时薪酬的零工竞争。但通常情况下，零工收取一定的手续费，以提供即时支付，Z世代对费用非常敏感。提供免费即时支付服务的雇主发现，他们可以在招聘中强调这一优势。这表明他们关心自己的员工，与员工的需求和期望保持一致。"

请记住，Z世代想为一家显示出关心员工的公司工作。如果你提供了上述福利，证明你致力于帮助员工在职场内外成长。顺便说一句，吸引Z世代接受工作邀请的因素，也塑造了他们作为长期员工的信任和忠诚度。因此，根据Z世代的价值观，预先提供一套强大的、量身定制的福利，会为你实现这些承诺创造理想的基础，以逐渐建立他们对公司的忠诚度。

新人入职培训

伊莎贝拉第一天的工作不全是吃玉米卷和糖果。她的一天从思爱普培训开始，学习将用于凯西所有账户的合同系统。几天前，她收到了一封来自人力资源部的电子邮件，邮件链接到一个视频库，视频是根据学习思爱普需要完成的每项任务来整理的。她先看了每一个视频，接着在第一天参加了 1 小时的培训，一名信息技术（IT）部门的同事向她介绍了软件的各个部分。在此之后，她的迎新伙伴西莉亚用 15 分钟帮助伊莎贝拉向系统输入了一份新的合同。

西莉亚还负责向办公室的每个人介绍伊莎贝拉。午餐结束后，伊莎贝拉已经认识了每个人，大家兴奋地聊着天。下午，凯西邀请伊莎贝拉到她的办公室，她向伊莎贝拉简要介绍了每个账户，以及她应注意的所有客户的怪癖。这是忙碌的一天，但西莉亚、凯西和人力资源部都和伊莎贝拉共同制订了一个计划，在她工作的第一个月里每周报到一次，并为她提供了无顾虑提问的门户开放政策[⊖]（open-door policy）。

伊莎贝拉的入职体验听起来可能并不惊天动地，但它包含了个人和技术元素的融合，这一点很重要。优秀的新人入职培训不仅仅是与新同事、主管和公司文化建立联系。事实上，在我们和分销商协会（DCA）领导的一项全美研究中，我们发现对于新员工来说，最重要的事情是会见他们的团队成员和领导。第二重要的事情是了解技能和领导力发展的培训计划。

　　⊖　门户开放政策（open-door policy），是指每个经理的大门对每个员工敞开，其目的是鼓励就任何员工重视的事情进行公开交流、反馈和讨论。——译者注

当新员工完成新人入职培训时，他们应该对自己需要做什么来适应新的角色有一个核心理解，例如如何解决挑战，向谁求助、何时求助，以及完成工作所需的工具或技术。

主管通常有很多事情要做，很有可能力所不及。不妨试着分拆任务。新人入职培训的某些部分，如会见同事和参观工作场所，需要主管亲自参与，这会让一切温馨而愉快。团队早餐、迎新计划、入职第一天前与新员工联络，这些对于Z世代来说是极好的选项。我们发现，无论雇主是有5名员工，还是50 000名员工，针对Z世代的新人入职培训的最佳实践对于各种规模的公司都奏效。以下是我们在一线咨询工作中看到的六个关键实践，它们可以帮助组织和领导者与Z世代建立联结。

（1）把Z世代介绍给他们的同事。在我们和DCA的全美研究中，我们发现这是主管可以采取的最重要的步骤，能够立即让Z世代感到自己是团队的一员。排在第二的最佳做法是主管提供自己的联系信息，例如手机号码。

（2）通过小的举动，表明你很高兴他们加入，且你在个体层面关心员工。一份与员工个人兴趣相关的适度的欢迎礼物（比如最喜欢的零食或运动队的纪念品），表现你在工作范畴之外对他们的人文关怀。一些小事情会有很大帮助，因为你想展示的是，你倾听了他们的声音，并采取行动让他们感到受欢迎。你甚至可以装饰他们的桌子，或者在社交媒体上表达你对他们加入团队的兴奋之情。

（3）解释公司的"北极星"（使命或目标）价值观和文化，以及员工的工作如何有助于实现更大的使命。Z 世代想知道他们的角色如何对公司和整体愿景做出贡献，即使他们处于最初级的岗位。不要只是陈述公司的价值观和文化，而是向 Z 世代展示它们在行动中的体现，我们发现 Z 世代对此反应最佳。让公司目前的员工分享公司文化是如何帮助他们成长的，或者他们的工作是如何影响到世界的，或者让客户拍摄一段视频，讲述公司、产品或服务是如何影响他们的。

（4）采用提供基于视频的短期培训和面对面强化相结合的方式。由于 YouTube 的存在，在 Z 世代的成长过程中，现成的答案和全天候的培训触手可得。现在你能想象去单位上班，别人递给你一个纸质版的培训活页夹，这有多么奇怪吗？Z 世代在整个大学期间都没有提交过手写的作业，但现在他们要读一个 1994 年写的活页夹吗？他们那时可还没出生……

当然，这有点夸张，但有时候，现实并没有太大的偏离。根据公司对培训和入职的承诺和方法，培训的体验各式各样，例如印刷的装订材料、"跟随蒂姆学习"[⊖]（just shadow Tim）、课堂式学习、移动培训等。请记住，Z 世代是通过观看 YouTube 学习一切事物的（从制作史莱姆[⊜]到做长除法）。但他们也重视人与人之间的指导。要结合这些偏好，为他们提供能在手机上按需观

⊖　跟随蒂姆学习 (just shadow Tim)，是一种新人培训方式。新员工跟着老员工学习，观察他们如何完成工作。——译者注
⊜　史莱姆（Slime），是一种在现代电子游戏与奇幻小说常常出现的虚构生物。其流行形象是一种果冻状或半液体状、身体不透明或半透明、可以变换形状、能够分裂或融合的怪物。——译者注

看的视频，学习工作所需的技能。然后让他们和同事配对，练习他们所学的东西。我们看到，最好的方法是播放一小段视频，真人讨论或者演示，接着再放一遍视频。这在培训中创造了一致性和可扩展性，同时提供了即时反馈的现场测试。

（5）首先，告诉新员工，入职第1~3个月内获得成功所需的最低要求。他们将通过额外的培训学到更多的东西。现在，目标是让他们跟上进度，开始快速增值，而不是让新员工的涌入拖累老员工。一开始，他们只需要知道如何在最初的几个月取得成功，而不是接下来几年所需的所有技能。一旦他们有了数月的工作积累，教授长期技能和观念将更容易，也更有意义。首先，关注他们在入职初期如何取得成功。

（6）尝试游戏化入职体验。这一点对Z世代尤其有效。游戏化包含学习或掌握课程可获得在线徽章，或者是在办公室或工作场所周围进行寻宝游戏，找出所有关键领域、技术和办公室的位置。游戏化入职，无论是为了竞争（新员工群体）还是为了完成任务（单个的新员工），都提供了一种成就感和进步感，这也让持续的入职学习更加轻松。

露丝·安·维斯（Ruth Ann Weiss）是新泽西老鹰登陆日营地（Eagle's Landing Day Camp）的老板。她告诉我们，她已经完全修改了辅导员入职的培训计划，以适应Z世代的学习偏好。培训课已经从大组变成了非常小的组，每节课不超过5名辅导员，这样培训就接近一对一的体验。她还融入了娱乐视频剪辑。维斯发现，一个受训者很喜欢的视频来自电影《卡特教练》中的一个场景。"它讲的是团队合作，当一名成员倒下时，大家团结起来互相帮助是多么重要。这总是会引起他们的共鸣。"维斯分享道。

新人培训也已经成为一种持续的体验，而不是一次性的环节。辅导员每周都会和资深员工见面，提出问题，甚至只是让他们吐吐槽。"我们不能解决他们的每一个问题，比如他们对 5 岁的露营者经常停止活动上厕所感到困扰，但我们意识到，让辅导员感到被倾听是很重要的。即使我们不能让问题消失，有一个安全的空间来谈论它，有助于员工渡过难关。"

请记住，新人入职培训不仅是传授技能，也是帮助员工适应公司文化，理解你对他们工作的期望。个性化是关键。帮助他们与同事建立联系，让他们找到归属感，知道你会提供帮助。但也要提前提供他们需要的关键知识，这样他们就能开始工作，快速交付价值。

在任何行业中，投入一点时间建立一个强大的、可重复的新人入职培训系统，是一家公司能够从事的投资回报率最高的活动之一。新人入职培训不仅能提高绩效，建立联系和信任，也能提高留任率。随着 Z 世代技能的升值，以及开始在劳动力中占据更大的比例（包括进入管理岗位），这一点非常重要。

第一周导师

我在银行工作，所以我和钱打交道。那可不是在闹着玩的，我大部分时间都很害怕。

> 我发现自己一直在（向我的导师）寻求帮助。
>
> ——Z 世代员工

在针对年轻员工开展的全美研究中，代际动力学中心和 DCA 发现，让新员工感到自己在公司得到重视的最佳活动，是有一个第一周导师或迎新伙伴。虽然导师可能无法提供详细的培训、新人指导或入职计划，但他们确实为新员工提供了一个可以信任和依赖的人际关系，新员工可以在不询问老板的情况得到解答。新员工通常在入职第一天见到第一周导师。他们会一起喝咖啡或吃午饭，或者在导师的办公室开一个 15 分钟的启动会。

在一些公司，第一周导师提供新员工所需的手把手的指导，而在其他公司，导师只是发一条短信、打一通电话、发一条即时消息或短暂地出现回答一下问题。新员工可能在完成新人入职培训之后，仍然不确定公司内部的不成文规定或其他规范（如未分配的和已分配的停车位），第一周导师会为新员工带来同事情谊和安全感。第一周导师既是公司文化的拥护者，也是文化大使，可以让新员工感到自己受欢迎。

第一周导师到底有多重要？在我们的全美研究中，我们发现对于新员工，第一周导师比第一天的详细工作信息、第一天开始工作所需的设备、参观公司设施或收到一份欢迎礼物更重要！所以，请给你的公司和新员工准备一份真正重要且有益的礼物：第一周导师。

快速沟通

> 去年夏天，我在一家相当大的公司实习。
> 许多主管不在现场，而是在其他城市工作。有
> 时他们会飞到镇上，和我们一起签到。他们
> 会把实习生拉到一边，告诉我们，"嘿，我们
> 真的很感谢你们所做的一切。你们帮了我们很
> 多"。只需知道我们实际上对他们正在做的任
> 何项目有帮助，就非常有价值。
>
> ——Z 世代大学生

每代人有每代人的交流方式，这一点我们已经详述过。你打电话，他们回短信；你发电子邮件，他们登录 Google Hangouts。所有不同的沟通偏好在同一个员工队伍中会相互碰撞，即使是最有经验的管理者和领导者，这也会给他们带来沟通的挑战、困扰和机会。

在餐馆、社区甚至你的家中，你看见 Z 世代几乎总是在玩手机，连接着社交媒体。他们在一个非常短的反馈回路上运转（无论是 Instagram 上的自拍获得点赞，还是在 Snapchat streak 发布问题），这些短的沟通回路也体现在工作中。在当今的职场中，Z 世代比其他世代更需要高频的沟通。他们不仅需要更频繁、更快速的沟通，而且他们认为这是留任的必要条件！

这种愿望有多强烈？在我们的《2018 年 Z 世代现状研究》

中，三分之二的Z世代表示，他们需要至少每隔几周就得到主管的反馈，才能继续工作。相比之下，不到一半的千禧一代需要同样多的沟通。更深入的研究数据发现：五分之一的Z世代每天或每天数次需要反馈，才会在公司留任。对千禧一代来说这可能是一个挑战，因为他们最有可能管理Z世代。Z世代进入职场时，已经期待着更频繁的沟通，这超出了千禧一代所能接受的频率。也许你还记得，就在不久前，其他世代指出，千禧一代期望得到的反馈超过他们所能接受的。Z世代则将问题提升到了全新的水平，他们认为持续的、快速的反馈是再自然不过的事情了。

这种高频的沟通包括绩效反馈或意见、工作时的简单问候、一条写着"做得不错"的短信，或者工位上的一张便笺。关键是，Z世代需要更高频的沟通，这种对沟通和工作反馈的强烈渴望中隐藏着两大积极因素。

第一个积极因素，Z世代渴望更频繁的沟通，这就创造了向Z世代提供反馈、意见、培训和快速修正课程的机会，从而可以更快地发展他们的才能。这里蕴藏着巨大的机遇，你将帮助Z世代发展工作技能、调整心态及树立态度，他们会因此贡献最佳的工作表现，推进自身事业的发展。

第二个积极因素，通过对Z世代员工的定性研究，我们形成了一个见解，Z世代期望更高频的反馈，并不意味着他们需要更多的全面反馈。Z世代分享道，他们想知道自己做得怎么样，哪里可以改进，以及工作中需要关注哪些领域，但这些与经理和同事的互动可能非常短暂（甚至不到1分钟），而且可以通过技术手段进行。关键是互动和沟通需要持续进行，这样 Z 世代才知道如何为你提供最大的价值。

结果是，Z 世代对频繁沟通的渴望，能够帮助他们更快、更一致与更好地完成工作。与此同时，整体沟通的时间会减少，最终为经理们节省大量时间，也避免了许多困扰。每周 2 分钟的谈话可能比每月 1 小时的会议更有益，这将为经理和 Z 世代员工节省大量时间（特别是当你的公司有多名 Z 世代员工的时候）。

每周至少计划一次对于 Z 世代的快速互动反馈，它可能只是一个 1 分钟的谈话、一条简讯，甚至是一个实至名归的"演示得不错"的评论。Z 世代不仅会因此变得更优秀，也会在公司留任更久。这两个结果对于 Z 世代、经理和雇主都是巨大的胜利。

激励的一致性

我们对 Z 世代的研究表明，管理者和领导者可以立即对几项激励因素加以运用，释放这一代人的巨大潜力。这对于所有的工作都适用，无论是餐馆的初级岗位、咨询公司的职业起点职位，还是员工在公司或行业中探索不同职业道路的兼职职位，都是如此。

我们的研究表明，最能激励 Z 世代的关键行动是一致性、公司影响力和持续进步。

对于一致性和 Z 世代的关系，我们的研究表明，Z 世代对自己热爱的职业或工作具有很高的积极性。在我们的《2017 年 Z 世代现状研究》中，44%的人表示，成功的最重要标志是拥有自己热爱的事业。与此同时，36%的人表示，成功的最重要标志是知道自己正有所作为。

现在，可以理解的是，并非每份工作都与员工的个人热情相一致。有时这种关联很简单：喜欢烘焙的人在纸杯蛋糕店工作，或者对辅导孩子情有独钟的人在夏令营工作。

其他时候，一致性与公司影响力是齐头并进的。这一主题几乎出现在本书的每一章中：Z世代希望与旨在改变世界的公司达成一致。每家公司都应该明确，自己的工作如何帮助他人。尽管你应该有所察觉，这是吸引客户和求职者的重要因素，而同样的方法也能让Z世代有动力留在你的公司，做好自己的工作。

有时一家公司的影响力是显而易见的。例如，为发展中国家的人们提供安全饮用水的非营利组织（如Charity: Water），或者向没有鞋穿的社区捐赠鞋子的公司（如TOMS Shoes）。其他时候，影响并不那么明显，但它可能仍然存在。例如，你可以展示，在你的零售店工作是如何创造就业机会、帮助家庭和改善当地社区的；或者在会计公司工作如何帮助当地的小企业繁荣发展，从而雇用更多的人。你也可以强调同事完成的慈善工作，或者你的公司如何赋权员工在社区做志愿者，或者你的公司如何让世界变得更美好。

公司影响力与各方面息息相关，例如产品开发、供应链管理、交付方式等。如果你经营一家餐馆，你会采购可持续种植的原料，还是为有需要的人提供食物？你是否支持当地供应商或承诺向社区捐赠一定比例的利润？如果你从事制造业，工厂的工人是否同工同酬，工作环境是否安全？行业不同或者地理位置不同，公司的影响力就会大有不同。但正如消费领域，你的员工会关心公司如何影响世界（无论是好是坏）。这种对利润之外事项的承诺，将会极大地激励员工去了解他们的日常工作如何对世界产生积极影响。

我们所见过的一个最佳实践是，明确 Z 世代的行动（或一个特定的职位）如何影响公司的其他职位，进而影响公司的更大使命。通常，入门级或职业早期的员工无法看到，他们如何为创造价值并影响人们和社区的更大图景做出贡献。即使是最初级的员工也会影响客户、文化、流程和体验，公司通常通过授权和激励让员工明白这一点，这有助于他们对自己的行为和结果负责。

在适当情形下金钱是一种激励

> 我离开的主要原因之一，是我的努力没有得到认可。我为这份工作付出了很多，同时在几个不同的部门工作，例如攀岩、聚会主持、服务博览会等。当他们需要我的时候，我总是会出现。但是我没有获得加薪。
>
> ——Z 世代女性

通过金钱来驱动努力的传统方法是有效的，无论是提供奖金、奖励、礼品卡还是其他经济奖励，但不应被视为激励Z世代的唯一方法。金钱激励是可以预期的，除非提供额外的奖励，否则员工可能不再尽最大努力。如果金钱激励与具体的、可衡量的结果无关，这个问题将更显著。如果目标遥不可及，或者认定表现更好的员工会实现目标，激励机制甚至会不复存在。这些挑战与所有世代都相关，而如果你了解非金钱奖励对Z世代同样奏效，你的激励措施将会产生最大、最持久的影响。

事实上，Z世代认为，做自己喜欢的事情远远胜过只为了钱做事。这种态度有多强烈？在我们的《2017年Z世代现状研究》中，63%的Z世代表示，"做喜欢的事情"是选择职业的最重要考量，相比之下，16%的人选择了"为了赚钱做事"。当然，Z世代的观点是，活出自己的激情并产生影响。赚钱的重要性会随着时间的推移演变，因为他们将承担更多的个人和经济责任，但目前，Z世代似乎受到工作的非财务属性的吸引。有了这种洞察，公司可以考虑提供与金钱无关、而与体验或影响力相关的奖励和激励，比如免费的音乐会门票、赢得乘坐直升机的机会，或者可以选择向哪个慈善机构进行额外捐赠。虽然相比于分发亚马逊礼品卡，这么做公司需要多花点功夫，但通过这个，雇主能够与Z世代建立长期联系，并获得他们的情感回应。

也就是说，对于入门级和最低工资的工作，频繁加薪有助于长期留住员工。我们的《2018年Z世代现状研究》表明，69%的Z世代人希望在工作的前9个月内加薪。有趣的是，相比于40%的Z世代女性，50%的Z世代男性期望在6个月内加薪。

　　这让我们想到了激励 Z 世代的第三大动力：持续进步。Z 世代认同循序渐进的过程，这样他们能感受自己在工作中不断进步。公司需要让 Z 世代知道，他们是否或何时会升职（即使只是小幅加薪或承担新的职责），以及他们需要做到什么才能确保得到晋升。在 Z 世代容易看见的地方，尽可能详细地说明晋升的要求，将会赢得这一代人的心。请记住，Z 世代偏好大量的、持续的和渐进的反馈。要让他们随时了解他做得怎么样，是否需要以及以任何方式纠正或改进，还有他们在工作中的进展情况。有时你甚至可以停下来，指出 Z 世代到目前为止的学习和成长情况。于是，Z 世代能够感知到自己的进步，明白自己没有原地踏步，而是通过目前的岗位对未来进行明智的投资。如果未能这样做，你可能会面临优秀的 Z 世代员工离职的风险，仅仅是因为他对于自己的工作进展缺乏清晰的认知。

培训和人才发展

　　你已经知道了 Z 世代渴望学习。请记住，Z 世代决定接受一份工作的重要原因，是人才发展和在职培训的承诺，而这也是 Z 世代留在工作岗位上的原因。因此，不要仅仅停留在新人入职培训上，还要在战略层面每年为员工提供人才发展的机会。这不仅增加了员工的价值，也增加了他们对你的价值。

　　理想情况下，你应该有一个促进员工持续学习的计划，无论是规模完备的"大学"（德勤等公司已创建），还是员工能够一对一学习的更亲密的导师计划。如果你没有合适的人才培养计划，现在是开始的好时候，你可以在适应 Z 世代员工方面进行投资。这个计划不必花哨或很详细，而是直接提供员工在工作和职业生涯的关键步骤或阶段需要的培训和资源，无论是通过在线视频、高管季度午餐会讨论业务问题和潜在的解决方案，还是观看 TED 演讲[⊖]，然后探索如何将这些见解应用于他们的职业生涯中。

Z 世代和电子邮件

我们 20 岁的实习生克里斯蒂安和我们分享了他对如何写电子邮件的没有把握。他问道：

- 我可以用"嘿，玛尔"开头吗？
- 我可以像是在社交媒体上那样使用表情符号吗？
- 我可以写"哈哈哈"吗？

整天在办公室工作和发邮件的人可能会觉得这不可思议。怎么会不知道如何写邮件？！但请记住，Z 世代在成长过程中，并不是以电子邮件为主要的交流方式。许多人很少使用它，而是使用短信。如果电子邮件是你所在行业的一个重要沟通渠道，那么关于电子邮件礼仪的培训项目将对许多新员工大有帮助。

⊖ TED 演讲一般指 TED。TED（Technology、Entertainment、Design 在英语中的缩写，即技术、娱乐、设计）是美国的一家私有非营利机构，该机构以它组织的 TED 大会著称，这个会议的宗旨是"传播一切值得传播的创意"。——译者注

　　有趣的是，Z 世代为了提升工作绩效希望学习和发展的东西，可能无法引起前几代人的共鸣。当我们问前几代人，哪些技能对在职场上取得成功最重要时，他们给出了三个答案（见图 11-1）：

　　沟通（57%）。

　　解决问题（49%）。

　　学习（32%）。

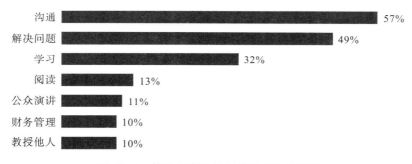

图 11-1　使人们在职场上获得成功的技能

　　然而，当我们向同组的 Z 世代问一个不同版本的问题时，我们得到了稍微不同的答案。我们问他们："你希望自己在以下哪项技能上更强大，以便更容易在工作或学习中取得更大的成功？"以下是排名前三的答案（见图 11-2）：

　　公众演讲（50%）。

　　沟通（45%）。

　　解决问题（29%）。

　　⊖　百分比总计超过 100，因为每个 Z 世代参与者都选择了他们心中的前两名。

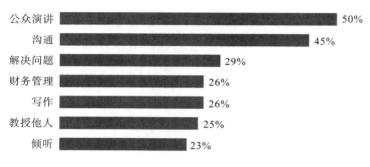

图 11-2　为了在工作中获得成功，我需要提升的技能

好消息是，雇主一直表示，他们希望员工更好地解决问题和沟通，所以 Z 世代想要的技能和雇主最想从员工身上看到的技能之间存在很强的一致性。

Z 世代知道他们需要帮助才能在职场上取得成功，他们真的很想获得帮助。他们对于自己认为需要改进的地方也有很强的意识。在这两种情况下，他们优先考虑的技能可以总结为沟通和解决问题。这两者都可以通过入职、培训和人才培养来获得。

沟通通常是大多数培训项目的核心。但对于初级员工来说，无论是在专业工作还是更实际的工作中，解决问题都经常被忽视。具有讽刺意味的是，在我们的定性研究中，当我们问雇主一个类似的问题时，他们几乎总是把解决问题作为自己对 Z 世代的头号抱怨事项，而内部和外部的沟通则是第二个抱怨事项。这两个挑战都可以通过员工发展来解决，即培养 Z 世代员工的才能和解决关键的员工挑战，从而为每个相关人员（包括客户）创造双赢的局面。

为了进一步证明这一点，我们与得克萨斯州奥斯汀一家受欢迎的快餐连锁店的招聘总监进行了讨论，很明显，作为劳动力队伍中不断壮大的力量，Z 世代具有独特的贡献，也面临独特的挑战。谢丽尔已经在两家受欢迎的当地连锁店工作了 9 年多，她描述了自己在这个新兴群体中注意到的一些经历和趋势。她描述了他们是如何精通科技、学习速度快和善于交际的。

此外，他们通常在竞争激烈的环境中成长起来，在这种环境中，他们会被衡量，并收到持续的反馈。然而，谢丽尔解释说，他们倾向于严格遵循任务结构，这限制了他们预测新任务或解决问题的能力。如果他们没有被明确告知要做某事，那么他们通常不会去做。她还指出，总体来说，Z 世代的适应能力可能较低。如果他们没有迅速进步、掌握概念或满足期望，他们往往会比前几代人更快地沮丧和放弃。

综上所述，一个好的培训和人才发展计划的核心功能，是提升沟通和解决问题的技能。我们发现，在一个正确答案不明显的情况下，解决问题是最有效的，但思考各种选项并选择最佳的一个，或者创建潜在的解决方案，是 Z 世代的强项。这不仅教会他们如何解决问题，以及如何寻找限制和障碍，并让他们认识到，自己能够解决更多的问题，或者给经理提供潜在的解决方案，而不仅仅是带来问题。采取这种方法可以更快地释放 Z 世代员工的价值，并使他们作为团队成员更有价值，也更加灵活。

Z 世代与解决问题：处理工作中的客户服务冲突

19 岁的布里塔尼是一家快餐店的新任经理，她告诉我们，有一次一位心烦意乱的客户打电话抱怨过期的酱油。当客户发泄他们的沮丧时，布里塔尼变得紧张起来，她挂断了客户的电话！为什么会这样？原因有很多：

- 她不知道该说什么。
- 她不确定自己有什么选择（缺乏客户服务培训）。
- 她不知道如何恰当地道歉。
- 她从小通过短信处理同龄人的大部分抱怨。

请对于员工在公司可能面临的常见问题进行角色扮演。对于你来说，这些解决方案可能看起来很直观，但请记住，对于许多 Z 世代来说，他们根本不具备做出适当反应所需的现实生活或专业经验。

除了沟通和解决问题的技能之外，许多 Z 世代没有太多的工作经验。这在很大程度上是因为他们年龄小，所在年龄段的劳动力参与率较低。这意味着，关于核心职场活动的培训应该纳入你的入职和整体人才发展计划中，包括基本知识，例如如何使用公司首选的通信系统（是的，甚至是电子邮件），如何注册或查看工资单，以及如何使用工作岗位所涉及的最常见的技术。大多数基于技能的培训可以在 1 天内完成，在最初的 30 天内进行适度的或现场的强化。关键是提供培训，让他们学得更快，这会为你节省大量时间，你可以在未来让他们对工作负责。如果你没有培训他们，就不能让他们负责，因为很可能其他人也没有培训过他们。

解决问题和沟通可以包含在季度培训或其他正在进行的学习课程中。对于公司规模较大的雇主来说，评估当前的技能水平通常是他们扩大规模以及管理入职和人才发展能力的核心。对于公司规模较小的雇主来说，我们认为每月召开一次 1 小时的会议，向一个部门传授新技能是一种既划算又省时的好方法。它可以很简单，比如看一场 TED 演讲，然后讨论关键信息；或者单独或集体进行一些练习。行业协会通常会为其行业提供某种类型的在线培训，许多第三方培训公司也是如此，例如 Schoox，它通过移动端按需提供培训，并且有明确的追踪和指标。

就方法而言，我们对于新人入职培训的建议也适用于持续的培训。我们对几项研究的分析表明，符合 Z 世代预期的学习和快速操作指导说明，是面对面培训和 YouTube 风格的视频的结合，这些视频可以自助获取，也是结构化人才或职业发展路径的一部分。需要权衡的是，虽然 Z 世代希望采用混合的、面对面的培训方法（例如学习一项新技能），但他们希望能够观看视频（如果视频符合他们的工作环境和公司文化），来快速解答问题。例如，在金融服务销售环境中，视频培训通常是最好的选择，其次是角色扮演和实践。与此同时，在咖啡店、酒店或体育赛事领域工作的人（我们称为"无工位员工"）可能没有时间或能力看着传统的笔记本电脑或其他屏幕学习新的技能或技术，因为工作要求他们随时保持移动状态。在这些情况下，面对面的现场培训效果更好，当他们在客户和任务之间穿梭时，直接提供视频链接也是很好的方法。

然而，当情况合适时，Z世代可以直接在屏幕上（无论是在教室里、办公桌前，还是手机前）观看视频，得到问题的答案，并继续他们的工作。事实上，在我们全美研究中，我们发现85%的Z世代每周至少一次上网看视频学习新东西！一周一次！

如果将培训视频整合进工作场所，最好的培训或操作方法的视频是简短的（并且至少看起来有点娱乐性），预先说明将要教授或学习的技能，清楚地展示步骤，最后重述操作说明。我们还发现，屏幕上的文字有助于记忆和轻松学习，尤其是在噪声大的工作环境中，或者难以听到声音的情况下，通过快速培训解答问题很重要。

VidREACH是一个销售代表、客户和员工参与的平台，通过视频、电子邮件和／或移动端实现定制的自动化。VidREACH的首席执行官肖恩·戈登（Sean Gordon）告诉我们，他们已经成功培训了包括Z世代在内的销售代表，使用一个20～30秒的点滴式学习视频库（连续观看的微视频），受训者可以在他们的首选移动设备上根据个人进度观看。戈登分享道，最近有一组Z世代销售代表入职，在一周的视频培训中，他们所学习的销售技能，通常需要3周到6个月的传统培训才能教授。

VidREACH让顶级销售代表制作简短的视频来展示他们的销售方法，因此有了上述成果。受训者可以观看一系列关于不同主题和问题的微视频，也可以看到各种人物事迹和成功的销售策略，因此他们可以观看与自己最相关的视频。戈登指出，这种方法对每个参与者都有很多益处，例如节省培训和学习的时间、提升团队士气、建立新销售代表的社区（他们希望发出自己的声音）、寻求在更大的组织中进行销售等。

"通过观看各种 20 秒或 30 秒的视频，"戈登解释道，"在某些情况下，不仅将入职和培训时间减少了近 70%，而且比传统方式（交给受训者一个大活页夹，并在几周后测试他们）更加有效。"

"因为当他们进入这个领域，开始跟随其他的销售代表学习之后，年轻人很容易会产生自我怀疑。如果他们跟随的对象与他们性格迥异，他们可能会想，'我不可能像他一样。如果他们期望我变成这样，也许我不适合这里'。于是他们会退出。相比之下，视频库中包含形形色色的人，他们在销售一线表现出色，性格各不相同。受训者可以浏览这些微视频，很快发现他们感到舒适的方法和性格。"

VidREACH 的一部分培训还让新员工在学习新技术的同时制作销售视频。这就形成了一个即时反馈环路，培训师、经理或导师可以观看视频并立即提出改进建议。

即使你不从事招聘和培训销售代表的工作，也要考虑如何在入职阶段之后利用视频。视频不仅节省时间和金钱，因为你可以与每个新员工共享相同的视频系列，而且员工可以在自己的地方，以自己喜欢的方式学习，并根据需要决定是否重新学习。因此，你不仅创造了扩展化学习的能力和责任感，还借助了你所在组织的集体经验、智慧和最佳实践。

培训不止于基础

许多公司在员工培训、人才和职业发展方面进行了大量投资。德勤向位于得克萨斯州韦斯特莱克市的德勤大学投资了 3 亿美元，旨在为员工提供身临其境的学习体验，同时培养他们的领导力、专业技能、行业技能和技术技能。众所周知，德勤大学有一个设施完备的大学式园区，包括生活区、健身设施和 30 间教室。在德勤大学，员工可以享受健康休闲、骑行、免费星巴克饮品和户外聚会区（包含烧烤和音乐表演）。

Adobe 被《福布斯》评为 2019 年最受应届毕业生欢迎的雇主之一，因其持续投入员工的专业发展而在 Z 世代中大受欢迎。唐娜·莫里斯（Donna Morris）在接受《福布斯》采访时表示："这一切都是为了学习、广泛接触和有机会为了更重大的愿景做贡献。"莫里斯是 Adobe 负责客户和员工体验的执行副总裁，这个职位表明 Adobe 坚信好的员工体验可以转化为好的客户体验。当谈到雇用应届毕业生时，莫里斯解释道："人们在职业生涯的早期就找到成长和职业发展的道路，这是非常重要的。"

Adobe 开发了"加速 Adobe 生命"（Accelerate Adobe Life）项目，它为期两年，由 Adobe 大学的人才团队设计，旨在为新员工开辟成功之路。这个项目包括与首席执行官的私人问答、实时虚拟讨论、按需的领导力发展课程，以及每年 10 000 美元的教育报销。

正如我们所说的，如果这不在你的预算或责任范围内，你当然不需要开发这种全面培训项目。但是想想看，你将为 Z 世代员工提供终身学习的机会，这对每个员工都有好处，包括 Z 世代身边有数十年工作经验的同事。Z 世代非常重视对他们职业生涯的这种投资，这是激励和留住员工的关键。低预算的选项包括在线课程、跨部门导师计划，或者获得与他们职业、职责和目标相关的行业或其他认证。

员工留任

> 我的第一份工作，我不到一个月就离开了。我意识到他们没有把我视为一个独立的个体，也没有看到我拥有的潜力。另外就是和我共事的那些人，他们的眼中只有自己，不是作为一个团队开展工作。
>
> ——肖恩，Z 世代
>
> 如果我需要一份新的工作，我肯定会寻求灵活性，可能还有成长的空间。这就是为什么我离开了以前的工作，因为我觉得自己在那里工作了两年，工资一直没变。我曾经培训过别人，我也领导过小型研讨会，没别的什么了。所以，是的，我需要一个有成长空间和灵活性的地方。
>
> ——Z 世代员工

当我们审视员工留任率和Z世代员工时，很明显，定期、持续的沟通对于他们的工作体验和提升留任率至关重要。他们想知道自己正在取得进步，学习新技能，并在这一过程中取得了"小胜利"，以表明他们正在增加贡献，创造动能。这一点尤其重要，因为Z世代意识到，进入职场之后，他们不会像自己期望的那样频繁获得加薪。

　　我们的研究表明，Z世代希望在工作9个月后第一次加薪，而千禧一代希望在工作12个月后第一次加薪。我们预计，如果Z世代有了更多的工作经验，进入全职员工的队伍，上述数据将表现出更多一致性，但目前这是他们对首次加薪的预期。但是，当Z世代等待他们应得的加薪时，要让他们知道自己做得怎么样，是否在正确的轨道上，或者他们应如何调整，以进入你们共同构想的轨道。

　　除了更频繁的沟通和提供受之无愧的加薪之外，让Z世代员工留任的行为驱动因素包括学习新技能的自我认可，以及对于个人和团队的"小胜利"的庆祝。这些"胜利"可以简单明了，比如满足个人客户的服务标准、质量要求或销售基准，或者实现有趣的团队目标，比如打破你的门店客户从下单到收货的最快时间记录。

　　对于给予认可，我们的研究发现，Z世代最感激和最重视的是面对面的认可，而不是在线的或者通过技术平台的认可。他们也更喜欢一对一的认可，而不是在整个团队面前的认可。但如果主管在团队面前称赞Z世代，这种认可的价值就相当于在整个公司面前称赞他们，这通常很难做到，也不那么频繁。最重要的是，一对一的认可和在团队面前的认可是对 Z 世代最有效的认可方式。

另一种看待留任的方式是通过员工幸福感的视角，在这种情况下，我们发现了相同的普遍结果。在我们的《2018 年 Z 世代现状研究》中，55% 的 Z 世代表示，他们希望老板每周至少鼓励他们一次，或者提供积极的情感强化，以提升他们工作中的幸福感；30% 的 Z 世代表示，他们希望至少每天都得到某种积极的鼓励，才能在工作中感到快乐！虽然这可能和人生阶段有关系，但他们对快速反馈环路的渴望，以及知道自己在做正确（或不正确）的事情，确实会显著影响他们在工作中的幸福感。

Z 世代员工留任的另一个基石是公司能提供灵活的工作时间。我们在前文提到过，这是一种额外的雇用福利，对他们的留任同样有价值（如果不是更有价值的话）。

由于工作类型、行业或工作角色的要求，对一些公司来说，提供灵活的工作时间可能很困难，但只要有可能，灵活性对 Z 世代来说都是重要的留任助推因素。它包括：快速获得收入；入职后即获得一段时间的休假（带薪或不带薪）；提供事假的快速授权，以便在数月内积累休假天数，而不是按工资周期或用一年时间来给予一个有意义的休假天数。对于可能没有带薪休假的兼职 Z 世代员工，灵活的工作时间绝对是他们接受工作和留任的动力。由于大多数处于工作年龄的 Z 世代都在读高中或大学（或者大约在这个年龄段），正在平衡工作和教育，或者向成年人的责任过渡，灵活的工作时间能够围绕这些承诺和经历发挥作用。

如果你的公司没有向新人提供事假或年假，那么考虑让员工能够更容易与其他团队成员换班。现在有许多薪资和工作安排的应用程序，员工能够通过手机申请轮班或休假，其他团队成员需要接受额外的调班或工作日，接着经理会立即批准（或不批准）工作安排的变动。这种做法免除了所有不必要的电子邮件往来、短信（把便利贴贴在员工休息室的墙上！），或者试图找到与你换班的人所需的对话（代之以自动化、移动性和批准）。所有的内容都会在系统中记录下来，包括请求、采取和批准的行动，以及批准人姓名。

对于许多小公司来说，提供全天的休假或简单的换班也许不太可能。在这种情况下，全职 Z 世代员工可以选择周五下午提前下班。对于受生活方式影响很大，或者仍在读高中或大学的年轻人来说，这种工作安排的红利意义重大。周五下午也是一周中客户或他人的工作节奏可能会放缓的时候，因此这种安排对整个公司的干扰不大。此外，我们也遇到过这样的雇主，他们会额外雇用一人，以便让员工在一周内灵活安排时间。这种安排的最终成本和原来是基本持平的，或者不会超出太多。但是多出的人手可以轮班，为员工请病假和事假的情况提供支持，并在工作忙季帮忙，这给公司带来了巨大的、高投资回报率的附加值。

Z 世代可以成为优秀的员工

毫无疑问，当采用了正确的招聘方法时，事实证明，Z 世代是有前途的、有潜力的员工。每个公司和经理都必须选择如何和以何种方式来适应，以释放这一代人令人兴奋的潜力，但他们对雇主的益处是显而易见的，而且只会随着时间的推移而增加。谁先适应，谁就能在员工生命周期的每一步（从招聘和培训，到取得绩效和留任）中最快获得收益。

十大颠覆

随着变革和突破的步伐越来越快，在未来 50 多年里 Z 世代主导的成年期将与前几代人完全不同。在 Z 世代的未来，飞行汽车十分常见，定制器官成为延缓衰老的一部分，太空旅行不再是科幻小说，而只是一笔财务预算。

技术的进步和突破将创造出其他世代无法想象的机遇、风险和互动。

人口结构、人口变化以及对地球健康的风险将给人们的日常生活、活动和资源造成新的压力。而且，谁知道呢？太空旅行可能会像春假一样普遍（如果他们还有大学的活，那就是……）。年轻又成熟的时代是多么美好啊！

Z 世代在成长过程中见证了各方面的突破，从个性化医疗、自动化运输、工厂自动化到 AI 虚拟助手。展望未来的二三十年，我们可以发现，许多趋势、突破、挑战和创新可能会影响未来几十年内出现的新一代。

十大颠覆

1. 汽车和交通发展

在过去 20 多年间，从 GPS 和播放你最爱的播客，到半自动驾驶汽车和长续航电动车，新技术为汽车注入了活力。与此同时，优步、来福车和乘车共享经济让 Z 世代不再急于获得驾照，更不用说社交媒体和新法律的出现了。曾经热切期盼的驾照，还有迫不及待地到当地车管所办证，如今已成为 Z 世代一再推迟的事情。

事实上，在未来 20 年，Z 世代可能甚至不需要驾照，因为他们不用开车。当他们想去某地时，真正的自动驾驶汽车会准备好随时将他们送往目的地。飞行汽车最终会起飞、降落，自动或半自动货车会大大缓解交通堵塞并降低交通风险。如果 Z 世代未来改变了他们的驾驶习惯，不开车或者只开有限里程，那么将会改变汽车保险、机动车事故率、车库需求和整个汽车行业需求等所有一切。在这场自动驾驶和交通变革中，Z 世代仍是驾驶座位上的那个人，但最终他们可能会坐在副驾驶位上，让技术负责一切。

摩根士丹利（Morgan Stanley）和 BCG 于 2016 年进行的一项研究表明，年轻消费者已越发频繁地使用网约车和新的出行方式，其中 18～24 岁的人每月一次或多次地使用这些服务，而其中 28% 的人甚至每天或每周都使用！随着无人驾驶技术和更便宜、可靠的交通方式（比如电动车）在公共交通领域的普及，这些数字只会不断增加。

Z世代可能会推动无人驾驶革命。

2. 虚拟现实和增强现实

尽管已有许多文章描述了关于 Z 世代和未来开车出游的发展，事实上，如果虚拟现实和增强现实（VR/AR）得到了广泛运用，Z 世代可能不用开车就可以旅行。在老师的指导下，通过虚拟现实和增强现实技术，你可以飞越田野山脉，身临其境般感受世界。虽然虚拟现实是沉浸式的，通过气味、气流和其他感观刺激来模拟感受，但未来的虚拟现实可能会加入触觉，使得体验更加逼真。这可能导致未来不再需要乘飞机旅行，因为你无须乘坐飞机前往某地便可以有相同的视听体验，也节省了旅行的所有费用，避免了途中的不适与风险。此外，Z 世代可能更喜欢用虚拟现实来拥有现实中无法拥有的体验，例如在幻想世界中驾驶宇宙飞船，或者置身于火山中。

虚拟现实带来的影响无处不在，从商务出差（虚拟会议可以做到和线下会议一样有效）到休闲旅游和教育，更不要说对娱乐、内容创作、人际关系（逼真的虚拟关系）等的影响了。你可以和其他 5 万兴奋的听众一起参加一场音乐会，当然，是舒舒服服地待在家里，也不用买场内高价的苏打水。

超过一半（52%）的 Z 世代成员希望，将来自己或他人看视频和玩在线游戏时，虚拟现实设备可以作为主要设备。

60% 的 Z 世代成员（其中 63% 为 18 岁及以下成员）表示，不久的将来会玩虚拟现实游戏，观看虚拟现实节目和电影。

增强现实技术也正在迅速变为现实，让每一天都变得更加有趣和充满惊喜。增强现实技术向你展现你所看到的真实世界，并在其中加入了图片等其他内容，使你可以看到实际上并不存在、但看起来十分逼真的事物。比如，如果你在增强现实中看到一本书，这本书被桌上的一个花瓶挡住了一部分，你就可以走到桌子的另一侧来看到书的全貌，就像在真实世界里一样。增强现实技术开启了一个全新的沉浸式世界，这可能会影响到营销、销售、培训和教育。信息、视觉和体验会以全新的方式进入人们的生活，从家里的植入式广告和广告牌，到为只有使用增强现实才能感受到的付费体验。

虚拟现实在工作中也尤其有用。例如，为如何在压力下完成任务（比如驾驶飞机着陆或解决复杂问题等），提供全新水平的培训。

虚拟现实和增强现实的组合，以及通过技术让人们变得更强大的方式，意味着与科技更多更深入的互动，以及我们如何看待和体验世界。想和恐龙说话？好的。想坐在哈佛课堂的第一排？可以。想模拟一下求婚？没问题。

当然，这也有一定的负面影响。Z 世代已经感到了焦虑，他们焦虑于没有随身携带手机，焦虑于没有得到及时回复。他们也焦虑于面对面的交流，尤其是在职场中。20 年后，当完全沉浸式技术普及时，Z 世代会有何感受？他们会告诉我们答案。

3. 人口老龄化和代际过渡

婴儿潮一代的寿命超出了预期，他们花光了积蓄，退休时间太久，工作能力丧失，政府财政和医疗资源也已无法支持。婴儿潮一代的老龄化将给这一代的许多人带来持续的挑战，也会给世界各地的政府和家庭带来压力，迫使它们提供解决办法，让他们可以更舒适地老去。婴儿潮一代通常不想退休，而且很多时候是由于经济原因无法退休，所以只要身体还允许，他们就会继续留在职场中。

在很多方面，世界还没有准备好面对大规模快速老龄化的人群。不但老龄化人群本身会受到影响，更年轻的一代，不管是家庭成员、邻居还是同一城市的居民，也要承担对老龄化的一代在经济上和身体上予以照顾的责任。

与此同时，X世代将进入成年的后期，不仅要抚养自己Z世代的孩子，还要赡养老人，最终还要抚育孙辈。X世代将背负着沉重的责任，要照顾其他世代的亲人，同时也是职场中年纪最大的一批，但他们的人数也比前一代要少很多。X世代将进入一个关键时期，他们的角色包括公司的高层领导、政治领袖和选民，以及工作努力且具有影响力的一代。他们刚好也是在各个领域都最具经验的一代人。X世代将成为Z世代仰慕的一代，远超千禧一代，因为X世代将竭尽全力帮助他们的父母、社区、家庭和雇主。

在未来20年，千禧一代将与"新世代"的称谓渐行渐远，逐渐成为中年人一代。千禧一代将承担起更多传统员工的职责，继续成为劳动力市场中人数最多的一代，同时也是最大的消费者群体。但随着千禧一代变老，他们 Z 世代的孩子长大，他们期待退休和少点儿工作的那天将会慢慢到来。

伴随着世代交替，老龄化的世界将把权力从婴儿潮一代转移到 X 世代，最终转移到千禧一代。Z 世代会见证这一切，并想了解这种变化和新的政治愿景、政府法规如何影响自己甚至自己的孩子。最初，Z 世代会和其他世代一样，追求推动选民选票、政策和民意决定。但最终，他们会成为一股力量，推动和他们这一代社会事业和优先事项相符合的对话的进展。

4. 人工智能、物联网、互联设备和消费科技

人工智能已经在改变我们的世界、习惯、新闻、内容甚至投资。这仅仅是贯穿 Z 世代一生的人工智能革命的开端。人工智能将来可能会融入人们生活的方方面面，无论是节食、健身、约会、购物、广告，还是无穷无尽又更加精准的推荐。让人工智能更加大显身手的是物联网和互联设备。随着越来越多的设备连接到网络和云，更多数据将被收集和分析，最终将出现更加精准的推荐。这将改变一切：Z 世代家居将变得更加高效，医疗保健的突破可以对身体数据进行直接追踪和反馈，每一种你能想象到的设备都能连接到你手机上，或者未来开发出的各种沟通设备上。关于人工智能有很多争议，它是世界的末日、人类主导时代的终结，还是会带来突破，比如创造更多更好的食物、更高质量的生活以及

带来和平？不管结局怎样，Z 世代将是第一代见证者，家里的每一个设备（洗衣机、吹风机、微波炉、咖啡机、床、电视、冰箱、灯、洒水器等）、汽车、工作和生活都是互联互通的，而且追踪、优化、分析完全集成。

当提及人工智能时：

- 61% 的 Z 世代成员认为人工智能对社会有积极影响。
- 43% 的 Z 世代成员认为人工智能对个人生活有积极影响。

Z 世代对智能设备的感受是：

- 80% 的 Z 世代成员认为将来他们会拥有并使用更多智能设备、产品或服务。
- 80% 的 Z 世代成员认为将来智能设备、产品或服务会让他们的生活更便利。
- 55% 的 Z 世代成员愿意出更高的价格购买未来能让生活更便利的智能设备、产品或服务。

此外，量子计算机的突破极大地推动了计算能力和决策能力，带来了我们许多人无法想象（有些人是不愿看到）的结果。Z 世代是真正在生活中融合了数据、算法、硬件的一代，这也将给数据隐私和安全带来了新的巨大挑战——从个人到生产商，再到科技公司和政府。

除了由软件和代码（如人工智能、物联网还有互联设备）驱动的大量科技进步外，Z 世代还将体验关键领域的巨大变化，比如能提供个性化打印（从房屋到运动鞋）的 3D 打印机、家居机器人、脑机接口、大放异彩并被运用于消费产品的纳米科技，甚至有越来越少的实体资产（当你有优步、人工智能和增强现实时，谁还需要汽车呢）。消费者技术正开始展现诸多可能性，当更多的科技集成到最基本的儿童玩具或成人太阳镜里时，这些可能性会更加多元。

5. 劳动力自动化

劳动力自动化引发了很多讨论，人们担心，人工智能的融入、先进机器人和物联网的普及，会导致潜在工作岗位的消失。人们认为，低技术含量的重复性劳动将最先被取代，但事实并非如此。随着技术的快速发展，白领岗位（如会计和金融）也会受到波及。这不仅会对职场产生巨大影响，还会影响到大学、学位和为职业提供支持的学习渠道，可能还会引发已经在所在领域取得成就的人员的再培训。

如果能够更好地追踪员工的工作业绩、需求和长处，从而根据员工的个人优点、发展领域、工作表现和目标予以及时的培训、教导和升职，那么中层领导可能也要像恐龙那样消失了。Z 世代可能是第一代由软件而非人类来管理的员工，这将是解锁他们的工作能力、释放所有世代潜力的一个巨大突破，同时也会给公司结构、规划和原有职位带来巨大变化。

在一次哲学活动中，劳动力自动化的思考者认为自动化将导致重大、持续而不可逆转的失业，政府应当帮助人们找到自己世代可以做的新事情，其中可能并不包括工作。在另一次活动中，人们认为劳动力自动化确实带来了失业和工作转型，但也创造了大量当下没有的工作岗位，需要人们来填补，从而带来更高的工作标准。

48% 的 Z 世代成员认为人工智能对他们的工作来说是有利因素。49% 的 Z 世代成员认为在职场中使用人工智能会让工作更出色，因为人工智能可以帮助他们更快地找到工作，帮助雇主更好地了解员工在职业和工作中的感受和需求。

超过 59% 的 Z 世代成员对在职场中运用人工智能的主要担忧在于，他们认为自己的工作会被人工智能取代。

不管是哪种方式，对 Z 世代来说，劳动力自动化、云计算、人工智能软件等，都将改变工作的本质，劳动力教育和技能都需要相应的改变以确保可行。考虑到他们目前的年龄和劳动力自动化的速度，Z 世代将站在这场变革的前沿。换句话说，Z 世代中的许多人最终会从事如今并不存在的职业，他们父母的职业也将不再存在。

6. 医学突破

Z 世代很可能是过去 30 年第一代充分受益于快速发展的医疗保健的人。特别是，Z 世代还很年轻，可以从诸如基因编辑（通常称为 CRISPR）等生物技术的最新发展，以及个性化医疗的显著优势中受益。这可能包括能够培育出适用于特定个体的器官、专门用于根除某种疾病（如癌症）的药物、丰富的健康和保健形式，以及各种可以显著延长寿命的药物（这创造了一系列全新的问题）。

个性化医疗的前景令人兴奋，就像抗击癌症和阿尔兹海默症等可怕疾病的能力那样激动人心。然而，个性化医疗，尤其是基因编辑，也让 Z 世代在成为父母时面临伦理和哲学挑战。进一步说，许多 Z 世代将无须奔波以寻求医疗护理，因为那时不论他们身在何处，远程医疗及其他设备和检查（包括在家进行检查务）将在诊断和提供医疗服务等方面发挥着越发重要的作用。这么多医学突破的结果，包括设计药物和疾病根除，可能会延长人类寿命，这将给医疗保健、家庭以及政府机构等方方面面带来压力。Z 世代确实是现代医学突破的受益者，在不远的将来，大多数（即便并非所有）重大医疗问题便能得到解决，甚至可能在他们的孩子出生前就得到治疗。

7. 太空旅游

是的，它来了。埃隆·马斯克（Elon Musk）、理查德·布兰森（Richard Branson）、杰夫·贝佐斯（Jeff Bezos）等人正在夜以继日地工作，使太空旅行商业化，让任何人都能感受到零重力。物有所值的太空旅行最初被规划为观光活动，但最终发展成了商业活动（例如太空挖矿），这创造了无限的可能性，包括 Z 世代的孩子和子孙可能去另一星球上生活或观光。50 年前，人们挤在黑白电视前观看人类登上月球。对于 Z 世代的孩子及子孙来说，他们或许能够亲身体验。

8. 全球性挑战

尽管这是一个极其敏感且存在分歧的话题，但对于 Z 世代来说，这将是他们每周（如果不是每天）都会谈论的内容。全球人口极可能持续增长，给政府、地理环境、资源以及住房、食品、水和交通等服务带来更大的压力。与此同时，气候变化对 Z 世代的影响可能比对当前其他世代的影响都要大，因为 Z 世代现在最为年轻，而且是未来的主力军。这可能意味着各种问题都有可能出现，从主要城市近海的海平面变化到更多的自然灾害。Z 世代被定位为推动变革、对抗世界威胁的一代，因为他们可能是一生中最为深刻地经历这些变化的世代。

9. 区块链

Z 世代成年时，区块链和共享账本会渗透到生活的各个方面，从个人财务和法律合同到医疗创新和不动产备案。

钱不再只是现金。相反，对于 Z 世代来说，钱是存储于云中的概念。金钱可能很快就会变成一个数字签名、一串单一的数字，在一个分布式的全球网络上释放价值。

青少年已经可以通过使用 Venmo 等应用程序跳过银行，无须银行账户或信用卡即可使用数字钱包。区块链有可能使银行（以目前的形式）过时，因为相较于银行，区块链可以在全球任何地方，以更便宜和更安全的方式极速处理你的资金。

随着区块链的规模扩大至零售交易和投资领域，它对 Z 世代的潜在影响可能是巨大的。如果银行没有迅速发展出自己的区块链版本，Z 世代可能会选择完全退出银行。股票对 Z 世代来说可能毫无用处，因为它的收益波动性巨大，且缺乏透明度。Z 世代可能想要比股市更安全、更透明的理财方式。因此，他们可能通过购买比特币（基于区块链技术的数字资产）等代币成为投资者，直接投资于公司，而不是通过股票交易所。

最年轻的 Z 世代只记得加密货币是日常生活中的一部分。就像我们很多人不记得 ATM 出现之前的时代一样，Z 世代也不记得他们无法购买比特币的时代。加密资产和加密经济学可能是他们在攻读 MBA 时修读的课程。区块链技术将从根本上决定他们对金钱、银行、法律协议、医疗记录和投资的看法。

10. 大学转型

200 多年来，大学一直是许多人学习、个人发展以及向现实世界过渡的地方。随着虚拟现实、增强现实和移动学习的兴起，以及劳动力技能需求的变化，大学的重要性可能会大大降低，或者被云学习和除成绩和标准化测试之外的其他技能衡量方法所取代。最年轻的 Z 世代将会看到与此有关的一些变化，但 Z 世代的孩子可能会成为颠覆者，他们将给高等教育施加压力，迫使高等教育重新考虑自己所提供的教学和教育平台，以及如何在提高效益成本比的同时提供学习服务。

* * *

这只是 Z 世代的冰山一角。我们还认为，新冠疫情及其余波可能对这一代人产生显著影响，包括他们如何学习、工作和思考未来。虽然现在确定有何长期影响还为时过早，但它对 Z 世代的影响显然将是重大的。

　　所有这些趋势、突破、挑战和创新（以及更多具有变革性但尚未为人所知或命名的事物）将极大地塑造并改变 Z 世代的信念和期望。与电脑改变 X 世代、智能手机连接千禧一代或网络即时连接各大洲（以及在社交媒体上）相比，这些将以更深入、更快、更整合的方式发生。这些趋势与 Z 世代的碰撞将影响他们的方方面面，从工作路径到预期寿命、人际关系、旅行、健康、信仰，以及对他们之前和之后其他世代的看法。

结论

Z 世代才刚刚起步

当我们开始写这本书时，我们不知道我们会发现什么，也不知道它会如何影响我们的生活。我们希望，当你加入我们的旅程时，你会被 Z 世代带来的兴奋、惊喜和人文关怀所感动，也会感动于我们观察到的，释放他们作为员工、团队成员、创新者、消费者和未来领导者潜力的解决方案和战略。

作为 Z 世代的研究者、演说家和父母，Z 世代对你我来说意味着什么，我们对此感到无比兴奋。这一代人将创造一种新潮流，从而带来变革、不确定性、不适感、信心和突破。我们知道，在 Z 世代崛起的关键时刻，深入研究他们是鼓舞人心的，有时也令人头晕目眩，但他们带来的未来也是如此。

从我们与 Z 世代的对话中可以清楚地看到一件事：这一代人带来了新的世界观、才能和能量，可以激发我们每个人最好的一面。没错，Z 世代是不同的。如果我们花时间去理解这种不同，就会发现其中蕴含着巨大的可能性。我们对 Z 世代了解得越多，就越知道如何发掘他们的才能，以及他们如何帮助我们充分发挥自己作为具有远见的领导者的潜力。

我们相信，本书中分享的见解、故事、数据和广泛的研究，将助你打造一条对你和你的组织都适用的定制化路径，同时，也有助于创造你想流传的影响和遗产。

Z 世代依靠你我，从他们现在的境遇开始，利用我们在自己的世代生活中学到的一切，助力他们迎接他们自己带来的挑战和机遇。尽管未来我们需要他们，但现在和将来，他们也会从我们这里受益。

毋庸置疑，Z 世代不仅在未来几十年，而且很可能在未来一个世纪甚至更长的时间里扮演重要角色。这一代人的潜力、希望、梦想、恐惧、想法和韧性，与你这样的领导者今天为发展他们的技能和思维而采取的行动直接相关。从创造有意义的客户体验，到采取本书中的行动（发掘 Z 世代作为员工、同事和未来企业家的才能），这一点千真万确，贯穿始终。

简言之，我们与 Z 世代相互需要——我们从他们那里得到的（如果不是更多的话），和他们从我们这里得到的一样多。

关键在于，现在就行动起来，与他们建立联系。利用本书中的策略以及你自己独特的优势和专业知识，共同挖掘我们一起创造的潜力，联手打造 Z 经济，释放改变世界的新思想和潜力。

当下你能做什么

即使尚未采取行动适应 Z 世代，你仍旧没有错失机会！Z 世代正处于生活、教育和事业的不同阶段，当前正适合你帮助他们，并在这个过程中优化自己的技能。的确，从科技产品、酒店到化妆品，Z 世代已经开始颠覆部分行业。但是 Z 世代每天都在进化。他们的消费支出正在快速增长，劳动力规模也在急剧扩大。他们的世界观和引领潮流的能力正在形成，并迅速传播开来。他们还不算太老，现在开始采取行动，与他们建立联系不算太晚。

我们的研究表明：毫无疑问，越早开始行动，你就会越早看到结果。反之亦然：推迟适应 Z 世代，只会让你以后与他们接触变得更加困难。现在是时候接触他们了。

如果你不确定从哪里开始，在使用本书中的工具、案例和想法时，请记住以下见解。

如果你希望与作为客户或员工的 Z 世代打交道

- **想想 Z 世代眼中的世界**。这有助于创造至关重要的代际背景，为理解、共情、信任和影响创造空间。请记住，Z 世代希望与致力于对世界产生积极影响的领导者和公司站在一起。如果你公司的 DNA 中没有一个更远大的目标，那么也没关系。Z 世代只是想看到你正在努力有所作为，无论是在你的当地社区、你的团队，还是在你的日常行动中。

向他们展示，你想对这个世界产生积极影响，也想对他们产生积极影响。

- **询问 Z 世代作为你的员工和客户的体验**。如果你不确定和 Z 世代相处得如何，或者哪里可以改进，就问问他们。这一代人希望被问及，希望去分享——亲自去做总是比在推特（或 Instagram、Snapchat 等）上听到更好。如果你想与作为消费者的 Z 世代建立联系，那就考虑聘请这代人加入你的营销或创新团队，或者让他们参加相关活动的小组讨论，与领导层分享他们的第一手观点。在招聘方面，问问 Z 世代的员工，他们希望看到你有什么不同的做法。如果你愿意听，他们会很乐意告诉你的。通常，对他们的就业经历影响最大的，也是让你的领导变得更容易的，是互动和资源，这些只需要很少的钱，却屡试不爽，而且能实现双赢。

- **进入 Z 世代的世界**。忘记那些旨在向所有人宣传却不会对任何人产生潜在影响的传统广告活动吧。在 Z 世代喜欢的数字平台（如 YouTube、TikTok 和 Instagram）上找到那些有影响力的人，看看如何与他们合作，来传播你的产品、品牌或服务。这些平台和网红能够在预算范围内推动实现品牌推广所需的可衡量的参与度和投资回报率。

与此同时，考虑以创造性的方式吸引 Z 世代客户。记住，联合汽车金融公司没有在"超级碗"广告上花费数百万美元，而是创建了一款交互式虚拟现实游戏，只在"超级碗"广告期间有效。最后，它向玩这个游戏的人赠送了数十万美元。在这个过程中，它通过让客户分享他们的储蓄目标来了解客户。

贝勒大学也是采用这种非传统方式的典范。它冒险与YouTube的网红合作，学校的知名度和活跃度呈指数级增长，同时还将学校介绍给了不知道贝勒大学的Z世代成员。这些学生过去可能不会考虑申请贝勒大学，但现在他们计划就读贝勒大学！

赢得Z世代的消费者和拥护者

- **优先考虑有意义的价值和参与**。Z世代希望从他们的消费中获得最大的价值。他们想知道自己买得"很划算"，并且购买过程很简单。同时，他们希望尽可能获得最好的质量，然后在社交媒体上与朋友分享。记住，这一代人会收到钱作为生日礼物，但他们会把钱收起来，然后向父母要钱去买东西。作为成年人，无论是牛仔裤还是耳机，购物时他们会寻找自己认为质量上乘、经久耐用的品牌。

- **将品牌和团队的人文关怀与Z世代建立联系**。Z世代想知道，品牌背后的人是否真正关心他们每一个人。Billie女性剃须刀与客户的联系，不是通过承诺为使用者完美脱毛建立起来的，而是认可每个人的剃须需求都有所不同，而Billie为每一个人服务。Aerie不会承诺青少年，其品牌的衣服能够让她们看起来像过去 10 年时尚杂志上苗条的模特那样，从而说服她们购买它的服装。相反，Aerie 鼓励女性做自己，喜爱自己独一无二的身体。

- **挖掘他们对学习的热爱**。化妆品品牌通过 YouTube 视频教年轻客户如何管理皮肤和使用产品。如果你生产运动装备，可以通过自己的 YouTube 频道，成为传授他们如何扔弧线球或者蛙泳的权威。如果你是一名水管工，可以教人们如何疏通马桶，清理浴缸的排水管，或者找到地下室漏水的地方。这样做不会让你失去客户，反而会让你成为他们第一个打电话请教的人。无论他们在网上开通第一个退休账户，还是寻找驾驶培训的资源，道理都是如此。

释放 Z 世代作为员工的才能

- **启动推荐引擎**。与之前的千禧一代不同，Z 世代在寻找工作时不会立即去求职网站。相反，他们会求助于朋友和家人。与现有员工建立联系，让他们更容易通过社交媒体传播招聘消息。为他们推荐值得信赖的朋友提供诱人的奖励，比如提供活动体验（如音乐会门票、旅行或体育赛事门票），或者不需要等几个月或一年才能收到的现金奖励。

- **让联系变得简单，然后保持联系**。让你公司的求职申请在移动设备上能够轻松开启和保存。如果求职者没有完成申请，发送一个后续提醒，并直接链接到他们的求职申请，并强调你想进一步了解他们。当他们看到你有兴趣了解他们时，他们会有兴趣更深入地了解你和你的公司。这一点在劳动力非常紧张的情况下尤其重要，我们已经看到，这一举措推动了更多的申请。

- **提供人才培养——从第一天开始**。无论兼职还是全职，如果你向他们展示你关心他们的才能发展，你将会有更多的机会吸引、招聘到和留住 Z 世代。几项研究表明，与薪酬更高但不提供指导的工作相比，Z 世代会选择提供指导和学习可转移技能机会的工作。在你的招聘公告、招聘流程和入职步骤中明确表明你致力于发展他们的才能，这样他们会对你更加忠诚。

- **持续并按需进行培训**。如果你在 Z 世代面前丢下一个两磅重的三环活页夹，他们会翻白眼。因此，无论是最常规的培训，还是高水平的安全、销售或技术培训，都要让培训变得简短、吸引人和互动性强。通过提供入职培训，让 Z 世代打牢基础，使其能够尽快开始工作。在此基础上，提供培训视频、常见问题解答视频和其他按需资源，使他们能够根据需求进行学习。这不仅可以将你解放出来，还能扩大他们的学习范围，并使他们能够深入到对他们来说最急需掌握的领域。我们的研究表明，Z 世代渴望做出贡献，并在工作中有所作为，但他们也需要按需学习的能力，包括从他们的错误中学习。

展望未来：我们所看到的

当我们审视我们所有关于Z世代的研究、对话、焦点小组和数据分析时，有一点很清楚：我们对Z世代的展望是非常激动人心的。对我们来说是这样，对他们来说也是如此，我们希望对你来说也是如此。Z世代为领导者和组织提供了一个巨大的机会来成长、壮大、创新和超越——如果像你这样的领导者愿意适应这一代人的话。

你准备好释放这一代人所能提供的一切潜能了吗？我们非常高兴能和你一起踏上这一旅程。

致谢

————

　　我们要感谢帮助我们写成《Z经济》这部作品的才华横溢、充满激情的人们。首先，感谢我们代际动力学中心的一流研究团队，尤其是埃利（Elli）、希瑟（Heather）和杰瑞德（Jared）。没有他们的创造力和奉献精神，本书是不可能出版的。谢谢你们！

　　感谢我们优秀的作品经纪人妮娜·马多尼亚（Nena Madonia）。自从我们发出第一封邮件，妮娜就对本书充满了信心。我们还要感谢哈珀柯林斯出版集团（HarperCollins）杰出的编辑和出版团队，你们让本书的出版成为现实。你们太棒了！

　　感谢我们的写作伙伴玛丽亚·加利亚诺（Maria Gagliano），感谢你在修改过程中梳理手稿，帮助我们展示Z世代以及我们的研究和见解。

感谢我们的家人，无论是面对挑战还是实现突破，他们都支持着我们。他们慷慨无私地奉献着自己的时间，因此我们能够全情投入地撰写本书。我们要特别感谢罗宾·雪莉（Robin Shirley）、伊丽达·冈萨雷斯（Elida Gonzales）、丹·多尔西（Dan Dorsey）、马里亚诺·冈萨雷斯（Mariano Gonzales）和罗布·雪莉（Rob Shirley）。

　　除了家人，我们还要感谢在写作过程中支持我们的导师和朋友。他们不仅帮助我们跨越了代际距离，也跨越了这部作品从一个构想到你手中这本成书的距离。

　　贾森要感谢他的演讲和作者团队对本书坚定不移的支持和鼓励：杰伊·贝尔（Jay Baer）、戴维·霍萨格（David Horsager）和罗里·瓦登（Rory Vaden）。感谢他的企业家团队 Q2，他们从一开始就对代际动力学中心和《Z 经济》充满信心。谢谢！

　　丹尼丝要感谢她的导师和朋友，包括她所在的创业家组织（EO）奥斯汀论坛、F2 以及她认识的所有勇敢的女性，感谢他们在她需要的时候带给她力量和欢乐。

　　感谢我们杰出的客户。无论你身处科技、零售、汽车、服装、医疗保健、银行、保险行业，还是我们合作的其他行业，我们都要感谢你与我们共同解决代际挑战。正是在你的支持下，我们成立了公司，展现每个世代最好的一面。

　　最后，我们要感谢勇敢地分享自己的故事、言论和观点，帮助弥合代际差异的所有 Z 世代，包括我们的女儿瑞雅。谢谢你们！我们非常期待你们将带给世界的能量、视角、才华和变革。

关于作者

贾森·多尔西

贾森·多尔西是研究Z世代、千禧一代等世代的杰出主题演说家和研究人员。他在全球各地的主题演讲超过1000场，每场观众都为他起立鼓掌，他的听众也从最初的16人壮大到16 000人。作为代际动力学中心的联合创始人兼总裁，贾森和他的研究团队领导了许多世代研究工作和咨询项目，为科技、医疗保健、零售和金融服务等行业的众多国际大牌解决了它们遇到的挑战。

贾森热衷于区分有关世代的误解与真相，这样领导者便能更快地看到结果。他擅长发现潜在的驱动因素，以快速提升销量，加强员工队伍建设，并引领跨世代的创新。《广告周刊》[⊖]称贾森为

㊀《广告周刊》（*Adweek*），由尼尔森公司出版，为读者提供可靠的业界信息和权威的专业观点。——译者注

"研究大师"。

贾森在 18 岁的时候成了一名畅销书作家，曾出现在 300 多家媒体的采访中，包括《60 分钟》《今日秀》《早间秀》、CNN 和 CNBC，还登上了《纽约时报》的封面故事。他发现千禧一代不是依赖技术，而是精通技术，而且该世代正分成两代人——"超级千禧一代"和"千禧一代"。贾森最著名的一句话是："只有当你还记得技术以前的样子时，技术才是新的。"

贾森任职于上市公司和私人公司董事会，为首席执行官、公司董事会、风险投资、初创公司创始人和私募股权公司积极提供建议。若想与贾森·多尔西联系，以寻求定制主题演讲或高管演讲，邀请他担任董事会成员或顾问角色，或者开展定制研究，请访问 JasonDorsey.com。

Twitter: @JasonDorsey

Instagram: @Jason_Dorsey

LinkedIn: Jason Dorsey

丹尼丝·维拉

丹尼丝·维拉博士是代际动力学中心的首席执行官和联合创始人。维拉博士极富远见卓识，她最初的想法是领导开展区分有关世代的误解与真相的研究，这样领导者便可以做出更好的代际决策。维拉博士负责领导代际动力学中心的研究和洞察团队。她曾为娱乐、保险、医疗保健和消费者技术等行业的全球品牌开展定制研究。在研究基础上，她曾向纽约、迈阿密、达拉斯和拉斯维加斯等地的领导者发表过演讲。

许多媒体报道都将维拉称作代际专家，《华盛顿邮报》曾发表过一篇有关她的 Z 世代研究工作的专题报道，其他包括《华尔街日报》在内的许多知名媒体也曾有过相关报道。

维拉在得克萨斯大学奥斯汀分校完成了本科学业，在得克萨斯州立大学获得了硕士和博士学位。她曾入围"Profiles in Power"以及"女性商业之道奖"的决赛。除了领导代际动力学中心，她还经营一家房地产开发公司，并担任奥斯汀多家非营利组织的董事会成员或顾问。她是一名狂热的跑步爱好者，喜欢户外活动和自制的墨西哥食物。若想与维拉联系，以获得定制的研究报告，邀请她担任董事会成员或顾问角色，或者获得代际动力学中心的定制研究，请访问 GenHQ.com 或 DeniseVilla.com。

Twitter: @DrDeniseVilla

LinkedIn: Denise Villa Phd

关于代际动力学中心

代际动力学中心是提供关于 Z 世代和千禧一代的研究、咨询及主题演讲的公司。代际动力学中心的专家团队为世界各地 700 多家客户提供服务，涵盖许多大品牌和几乎所有主要行业，包括 B2B 技术、金融服务、消费科技、银行业、保险业、酒店业、制造业、零售业、餐饮、服装、医疗保健、私募股权等，还有政府、协会。

代际动力学中心擅长发现解决从招聘到销售的世代挑战的新

方法，同时带来关于世代的积极、可行的观点。我们由维拉博士领导的团队包括研究人员、战略人员、平面设计师，以及顾问和知名主题演讲家。代际动力学中心的主题演讲家在全球的演讲多次登上头条，听众由最初的 16 人增长到 16 000 人，单场最多人数超过 10 万。最近场次的演讲活动举办地遍及新加坡、巴黎、阿姆斯特丹、伦敦和墨西哥城。

　　代际动力学中心在全球四大洲用多种语言开展了无数原创研究。代际动力学中心的每项研究和每个咨询项目都是针对客户定制的，因为每个客户都面临着独特的代际挑战：从招募 Z 世代员工到发掘千禧一代管理人才，再到推动产品创新和跨五代人销售。代际动力学中心采取前沿方式，结合定量和定性研究，利用其代际研究专长，揭示了新的洞见、隐藏的趋势，并开展了解决客户燃眉之急的具体行动。

　　代际动力学中心相信每个世代都能带来价值。我们也相信，世代不是一个收纳盒，而是推动更紧密的联系、更深的信任、更大的影响和更好的结果的有力线索。

　　代际动力学中心的研究团队创造了"代际语境"™，这是理解和解决代际挑战的一种独特方法。该方法利用代际动力学中心的研究优势和专长，包括定性和定量研究，并结合客户提供的数据和研究。

　　代际动力学中心是一家少数族裔运作的公司，女性员工居多。我们热衷于为每个世代的领导者带来成果。联系代际动力学中心定制演讲、研究或媒体采访，请访问 GenHQ.com。

推荐阅读

读懂未来 10 年前沿趋势

一本书读懂碳中和
安永碳中和课题组 著
ISBN: 978-7-111-68834-1

双重冲击：大国博弈的未来与未来的世界经济
李晓 著
ISBN: 978-7-111-70154-5

元宇宙超入门
方军 著
ISBN: 978-7-111-70137-8

量子经济：如何开启后数字化时代
安德斯·因赛特 著
ISBN: 978-7-111-66531-1

最新版

"日本经营之圣" 稻盛和夫经营学系列

任正非、张瑞敏、孙正义、俞敏洪、陈春花、杨国安 联袂推荐

序号	书号	书名	作者
1	9787111635574	干法	【日】稻盛和夫
2	9787111590095	干法（口袋版）	【日】稻盛和夫
3	9787111599531	干法（图解版）	【日】稻盛和夫
4	9787111498247	干法（精装）	【日】稻盛和夫
5	9787111470250	领导者的资质	【日】稻盛和夫
6	9787111634386	领导者的资质（口袋版）	【日】稻盛和夫
7	9787111502197	阿米巴经营（实战篇）	【日】森田直行
8	9787111489146	调动员工积极性的七个关键	【日】稻盛和夫
9	9787111546382	敬天爱人：从零开始的挑战	【日】稻盛和夫
10	9787111542964	匠人匠心：愚直的坚持	【日】稻盛和夫 山中伸弥
11	9787111572121	稻盛和夫谈经营：创造高收益与商业拓展	【日】稻盛和夫
12	9787111572138	稻盛和夫谈经营：人才培养与企业传承	【日】稻盛和夫
13	9787111590934	稻盛和夫经营学	【日】稻盛和夫
14	9787111631576	稻盛和夫经营学（口袋版）	【日】稻盛和夫
15	9787111596363	稻盛和夫哲学精要	【日】稻盛和夫
16	9787111593034	稻盛哲学为什么激励人：擅用脑科学，带出好团队	【日】岩崎一郎
17	9787111510215	拯救人类的哲学	【日】稻盛和夫 梅原猛
18	9787111642619	六项精进实践	【日】村田忠嗣
19	9787111616856	经营十二条实践	【日】村田忠嗣
20	9787111679622	会计七原则实践	【日】村田忠嗣
21	9787111666547	信任员工：用爱经营，构筑信赖的伙伴关系	【日】宫田博文
22	9787111639992	与万物共生：低碳社会的发展观	【日】稻盛和夫
23	9787111660767	与自然和谐：低碳社会的环境观	【日】稻盛和夫
24	9787111705710	稻盛和夫如是说	【日】稻盛和夫
25	9787111718208	哲学之刀：稻盛和夫笔下的"新日本 新经营"	【日】稻盛和夫